电商

直播带货

指南

从入门到精通

李 焜◎著

台海出版社

图书在版编目（CIP）数据

电商直播带货指南：从入门到精通 / 李焜著 .
北京：台海出版社，2025. 5. -- ISBN 978-7-5168
-4169-3

Ⅰ. F713. 365. 2-62

中国国家版本馆 CIP 数据核字第 20256VJ722 号

电商直播带货指南：从入门到精通

著　者：李　焜

责任编辑：戴　晨　　　　　　　　策划编辑：王　生
封面设计：乔景香

出版发行：台海出版社
地　　址：北京市东城区景山东街 20 号　　　邮政编码：100009
电　　话：010-64041652（发行，邮购）
传　　真：010-48045799（总编室）
网　　址：www.taimeng.org.cn/thcbs/default.htm
E - m a i l：thcbs@126.com

经　　销：全国各地新华书店
印　　刷：三河市京兰印务有限公司
本书如有破损、缺页、装订错误，请与本社联系调换

开　　本：700 毫米 ×1000 毫米　　　　1/16
字　　数：170 千字　　　　　　　　　印　张：12
版　　次：2025 年 5 月第 1 版　　　　印　次：2025 年 5 月第 1 次印刷
书　　号：ISBN 978-7-5168-4169-3

定　　价：68.00 元

CONTENTS 目录

第六章 黄金三分钟，决定直播成败

第七章 掌握直播电商的增收秘诀

第八章 电商直播中常见问题解析

第一章

时代新机遇——电商直播

1.1 抓住机遇：零门槛赚钱的机会

在数字经济蓬勃发展的时代背景下，电商直播以其独特的创新性与显著的营销效果，已然崛起成为一种引人注目的新型营销方式。众多普通人通过直播带货一举成名的传奇故事，让这个行业成为拥有无限可能性的赚钱领域，也成为许多人渴望探索的新天地。在这里，成功与财富似乎触手可及，这也正是电商直播吸引众多参与者的魅力所在。

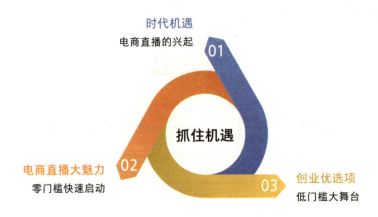

时代机遇
电商直播的兴起
01

抓住机遇

电商直播大魅力
零门槛快速启动
02

创业优选项
低门槛大舞台
03

一、时代机遇 —— 电商直播的兴起

随着数字科技的迅猛发展和网络的普及，电商直播已成为商业和网络娱乐领域的热门趋势。社交媒体平台，如抖音、快手等，以及电商巨头，如淘宝、京东等，均密切关注电商直播的兴起，并投入大量资源，以全方位拓展其业务版图。它们通过引入创新技术和策略，不断优化用户体验，以把握市场快速增长的机遇。

电商直播带货颠覆了传统的电商销售模式，实现了卖家与买家之间的实时沟通与互动。其生动的展示方式以及即时的参与性，极大地提升了消费者的购物体验，使购物过程更具吸引力和趣味性。这种新兴的销售方式正在快速塑造消费者的购物习惯，同时为许多渴望创业的人提供了新的经济收入途径。

1. 科技的不断进步

宽带互联网和移动网络的普及，以及流媒体技术的不断优化，使得用户能够在全球任何地点实时观看高清晰度的直播内容。电商直播带货这一新型销售模式的兴起，让商家能够通过网络突破时空限制，实时展示产品并与消费者进行直观互动，显著提升了消费者购物的沉浸感和互动性。

2. 消费行为的演变

在快节奏的现代生活中，人们越来越倾向于选择快速、便捷的购物方式。电商直播的兴起正是对这一趋势的完美体现，它将购物与娱乐相融合，为消费者创造了全新的购物体验，使他们能够在轻松愉快的氛围中享受购物的乐趣。

3. 社交媒体的影响

微信、抖音、小红书等社交平台的兴起，为电商直播提供了天然的流量来源和推广渠道。这些平台是积累粉丝的理想场所，还能通过智能算法推荐系统，将直播内容精准推送给有潜在兴趣的观众，有效提高了直播的曝光率和观看率。

4. 足不出户购物

近年来，电商直播凭借其无接触的特性，成为商家与消费者之间紧密联系的新纽带，使人们能够足不出户地进行购物。

二、电商直播大魅力 —— 零门槛快速启动

电商直播最吸引人的地方在于，与传统创业方式相比，其所需的初始投入，无论是资金、技术还是经验，都低得多。你不需要组建庞大的团队、租赁实体店面，也不需要支付高昂的启动资金，有时仅需一部智能手机和一个稳定的网络就能开始直播。

1. 技术平台的普及

直播平台，如抖音、快手等，以及电商巨头，如淘宝、京东等，已深入消费者的日常生活，成为他们不可或缺的一部分。这些平台的普及使得销售变得简单，只需注册账号、上传产品信息，就能轻松进入销售领域。

2. 低成本入门

与传统零售相比，电商直播的经营成本大幅降低。由于电商直播不需承担门店租赁、装修、大量库存和员工成本等费用，创业者的初期投资较少，创业门槛也因此大幅降低。一些电商平台还为新手提供了免费的入门级培训和营销工具，帮助新加入的"小白"更好地掌握操作技巧并推广产品。

3. 灵活的供应链解决方案

借助"一件代发"等模式，卖家无须预先购买和存储大量库存，商品可以

直接从供应商处发给消费者。这种模式有效地降低了电商直播创业初期的启动资金要求和经营风险。

虽然从表面上看起来是"零门槛"，但实际上要成功运营一个电商直播业务，仍需掌握市场策略、客户服务、内容制作等多方面的技能。此外，市场竞争日益激烈，仅靠注册账号、上传产品信息和随意开播并不能保证销售成功。因此，尽管直播电商的入门门槛较低，但要持续成功，所需技能和努力仍不可缺少。

三、创业优选项 —— 低门槛大舞台

对于许多普通创业者来说，直播带货是一个可以快速入门的领域。无论你的背景如何，处于何种状况，都有机会在这个平台上找到适合自己的定位和机会。

1. 个性化展示

电商直播允许你以自己独特的方式展示商品。无论是通过讲述故事、现场示范、用户互动，还是才艺展示等方式，你都可以选择适合自己的风格和方式来吸引并保持观众的注意力。

2. 实时互动的优势

电商直播的实时互动性，使商家能够立即回应观众的疑问，这有助于增强观众的信任，进而提高商品的转化率。

3. 数据反馈迅速

电商直播平台提供的数据分析工具能够即时捕捉观众的反馈和喜好，帮助商家实时调整销售策略，从而在激烈的市场竞争中迅速适应市场变化并取得优势。

在网络上，我们也看到了许多从零基础起步，通过直播带货取得成功的案例。

例如，一位热爱烹饪的美食爱好者，通过直播烹饪的方式，吸引了大量

同样热爱美食的观众。他的直播间逐渐发展成为一个美食交流社区，观众不仅购买他推荐的厨具和食材，还积极参与到每场直播的互动中。

又如，一位健身教练利用业余时间通过直播分享健身技巧，吸引了大量有运动需求的受众。这不仅促进了相关健身器材的销售，还使他在逐步建立在线健身指导品牌的道路上迈出了坚实的步伐。通过直播，这位教练不仅成功建立了个人品牌，还扩大了业务范围，实现了收入的增长。

电商直播不仅是一个零门槛的赚钱机会，更是一个能够激发普通人潜能、构建社会影响力的平台。通过电商直播，你不仅可以开启财务自由的大门，还能建立广泛的社交网络。然而，机遇总是伴随着激烈的竞争，仅靠注册账号、上传产品信息和随意开播并不能确保销售成功。

虽然直播电商的入门门槛不高，但要持续成功也并非易事。你需要通过专业的学习、不断尝试和持续坚持，才能有机会书写属于自己的成功故事。让我们一起踏上这段充满无限机遇和挑战的电商直播之旅吧！

1.2 财富透视：各级别主播收入揭秘

不同直播平台，如短视频平台、游戏直播平台和综合性直播平台等，各具特色。主播则根据各自的规模和影响力被分为初级、中级和高级。他们的收入差异主要反映在粉丝数量、互动频率以及收入来源的多样性上。

一、不同直播平台的市场定位与收入潜力

1. 短视频平台：抖音、快手

(1) 市场定位与用户群体

短视频平台，如抖音、快手等，在提供短视频服务的同时，也支持直播功能。它们以娱乐性强、易于传播的短视频内容吸引了大量用户，用户群体广泛且多样，覆盖了不同年龄段和多种兴趣爱好。

(2) 主播的收入潜力

在抖音、快手平台上，初级主播的收入主要依赖观众的打赏、平台的激励政策以及电商带货。平台通常会设立新人扶持计划，通过提供流量扶持和推广资源，帮助初级主播快速积累观众。然而，由于主播数量众多，平台内竞争激烈，初级主播需要投入大量时间和精力来保持内容质量，以维持和提升观众的活跃度。

2. 游戏直播平台：斗鱼、虎牙

(1) 市场定位与用户群体

斗鱼和虎牙平台以游戏直播为主，为热爱打游戏的主播提供了专业的展示平台。主播可以在直播中展示游戏技巧、解说赛事进程，并与观众实时互动。

这两个平台主要面向游戏爱好者，这些用户对游戏内容有较高的关注度和参与度。

（2）主播的收入潜力

在斗鱼和虎牙直播平台上，主播的收入主要源于观众的打赏、虚拟礼物赠送，以及广告分成和平台奖励等。中级及以上的游戏主播，由于能够吸引稳定的观众群体，并通过赛事直播、品牌合作等方式获得额外收入，因此收入可能会相对较高。此外，游戏直播平台通常会提供更多的推广机会，如首页推荐、专题活动等，这些都能有效地提高主播的收入水平。

3. 综合性直播平台：哔哩哔哩、一直播

（1）市场定位与用户群体

哔哩哔哩（B站）和一直播平台提供包括娱乐、生活、教育在内的多样化直播内容，满足了观众不同的需求和兴趣。作为典型的综合性直播平台，它们为主播提供了广阔的展示空间和丰富的内容创作选择。

（2）主播的收入潜力

哔哩哔哩（B站）、一直播等综合性直播平台的收入来源也呈现多样化，包括观众打赏、广告分成、平台奖励以及商业合作等。这些平台通常会为优秀的主播提供更多的推广资源，帮助他们增加收入。因此，在这类平台上，中级和高级主播会通过创作多样化的内容来吸引更广泛的观众群体，从而提高自己的收入水平。

二、不同级别主播的收入分析

1. 初级主播

（1）收入水平

初级主播通常是刚刚进入直播行业的新人，他们缺乏直播经验和稳定的观众基础。因此，他们的收入主要依赖平台的激励政策和观众的打赏。平台会通过流量扶持和推荐机制等方式，帮助新人主播获得更多曝光。初级主播的月收入一般在几千到几万元之间，具体数额可能会受到内容质量、观众互动以及平

台政策的影响。

（2）挑战与机遇

初级主播面临的主要挑战是如何快速吸引观众并提高互动率。此外，初级主播还需要在市场中找到自己的定位，明确内容方向，以建立起自己的观众群体。同时，这也为初级主播提供了成长和进步的机遇。

2．中级主播

（1）收入水平

中级主播在直播行业已经积累了一定的粉丝基础，拥有相对稳定的观众群体。他们的收入主要源于观众打赏、平台广告分成以及礼物收入。中级主播的月收入大致在几万到几十万元之间，具体数额会受到观众数量、互动情况、内容质量以及平台政策等因素的影响。

（2）优势与发展

中级主播的优势在于他们已经建立了一定的观众基础，并能够通过提供高质量的内容吸引更多观众。此外，他们还可以利用自身影响力进行品牌合作和产品推广，从而进一步增加收入。平台通常会为中级主播提供更多的资源支持和推广机会，帮助他们不断提升知名度和收入水平。

3．高级主播和顶级主播

（1）收入水平

高级主播和顶级主播通常拥有庞大的粉丝群体、较高的知名度和广泛的影响力。他们的收入来源广泛，包括广告分成、品牌合作、周边产品销售以及直播中的虚拟礼物等。这些主播的月收入可能高达几十万元甚至更高，其收入水平不仅与观众数量紧密相关，还受到主播个人品牌价值、内容质量以及商业合作等因素的影响。

（2）商业模式与收入来源

高级主播和顶级主播通常会利用个人影响力进行商业合作，如品牌代言、产品推广、活动策划等。他们还可能开设自己的电商店铺，销售相关周边产品或自创品牌。此外，这些主播也会通过参与平台的专属合作计划和高级激励政

高级和顶级 ----------- 月收入在几十万元甚至更高

中级 ----------- 月收入在几万元到几十万元之间

初级 ----------- 月收入在几千元到几万元之间

策，获得额外的收入。

　　由此可见，主播应根据自身的实际情况和平台特点，制定合理的发展策略，并不断提升内容质量和互动水平，提高收入潜力。同时，主播必须严格遵守平台规则和法律法规，确保收入的合法性和可持续性，以实现长期的成功。

1.3　平台筛选：学会挑选更能赚钱的平台

随着直播技术的广泛普及，众多直播平台已成为内容创作和商品销售的热门渠道。对于新手而言，选择一个合适的平台至关重要，因为每个平台都有其独特的功能和优势。

一、短视频平台

短视频平台，如抖音、快手等，以短视频内容为核心，同时兼具直播功能。得益于其庞大的用户基础，这些平台成为众多新手的首选。

这些平台的核心推荐算法能够迅速将直播内容推送给大量观众，实现快速曝光，同时提供丰富的互动功能，如实时评论、点赞和打赏，增强了观众的参与感。

1. 平台特点

（1）快速曝光

短视频平台，如抖音、快手等，运用先进的推荐算法，根据内容质量评级匹配相应的流量推荐机制，能够迅速将优质内容推送给大量观众，实现快速曝光。

（2）互动性强

这些平台提供实时评论、点赞和打赏等多样化的互动功能，使得直播间的观众能够与主播进行实时互动，从而提升观众在直播过程中的参与度和体验感。

（3）内容创意丰富

短视频平台鼓励用户进行更多样化的创意表达，支持主播根据个人兴趣创作内容并通过短视频、直播等形式与观众建立联系。

（4）流量支持充足

平台为新入创作者提供流量扶持，如参与热点挑战等，增加曝光机会，助力创作者快速成长。

2. 案例分析

例如，一位美食创作者通过在抖音上发布烹饪小技巧的短视频，迅速吸引了大量关注，成功实现了内容的快速传播和粉丝的快速增长。

3. 选择建议

如果你擅长创作搞笑视频、挑战活动等能够快速传播和高度互动的内容，那么选择这些适合快速传播娱乐性内容的平台将非常合适。对于追求快速增长的新手来说，这些平台能够提供更多的曝光机会和互动空间。

二、游戏直播平台

斗鱼、虎牙等专注于游戏内容的直播平台是游戏爱好者的聚集地，它们提供了深度的游戏内容和丰富的互动形式，如实时弹幕和打赏等。在这些平台上，主播们与游戏相关的商业合作机会较多。

1. 平台特点

（1）专注游戏社区建设

这些平台聚焦于游戏爱好者，为他们提供了一个可以深度参与的环境，使得主播能够更精准地接触到目标观众。

（2）深度互动体验

平台支持实时弹幕、评论和打赏等功能，增强了直播的互动性，提升了观众的参与感和体验感。

（3）商业合作机会多

与游戏品牌的广告合作机会较多，为主播提供了品牌推广和商业合作的机会，有助于主播实现商业化变现。

（4）专业工具支持

提供高级直播工具，如画面捕捉和实时数据监控等，以满足专业主播的需求，提升直播质量和效果。

2．案例分析

例如，一位专注于《英雄联盟》的游戏主播在虎牙平台上，通过持续的游戏表现和互动，成功建立了一个忠实的粉丝群体。同时，借助品牌赞助和广告合作，该主播实现了可观的收入。

3．选择建议

如果你的内容主要围绕游戏，选择这些专注于游戏内容的直播平台将有助于你更有效地接触到核心观众。在保证内容质量的前提下，持续活跃于这些社区并积极互动，将有助于你快速建立起忠实的粉丝群体。

三、综合性直播平台

综合性直播平台，如 YouTube、Facebook 等，支持多种内容形式，涵盖教育、娱乐和产品推广等领域。这些平台不仅提供广告收入、会员订阅服务，还配备强大的观众分析工具，帮助创作者了解用户行为，从而优化内容。同时，通过广告分成和订阅模式，它们为创作者提供了稳定的收益来源。

1．平台特点

（1）内容多样化

综合性平台通常拥有庞大的受众群体和广泛的地域覆盖，支持从教育到娱乐等多种内容形式，满足不同观众的需求。

（2）广告和订阅收入稳定

直播人员可以通过广告分成和会员订阅获得稳定的收益，为内容创作提供持续的资金支持。

（3）分析工具强大

综合性直播平台，如 YouTube、Facebook 等，提供观众行为分析工具，帮助主播精准地优化内容策略，提升观众满意度。

（4）国际覆盖广泛

如 YouTube、Facebook 等综合性直播平台，能够覆盖全球用户，为需要进行国际推广的产品和服务提供广阔的舞台。

2．案例分析

例如，一位健身教练在 YouTube 上发布健身教程和互动直播课程，利用平台的分析工具优化内容，成功吸引了全球观众。观看时长和观众满意度的显著提高表明，综合性平台的广泛覆盖和数据支持可以显著提升内容的影响力和传播效果。

3．选择建议

如果你的直播内容想要跨越多个领域或希望进行国际推广，YouTube 和 Facebook 等综合性平台将是你理想的选择。它们能够提供更广泛的受众群体和更多的变现机会，助你在直播领域取得更大的成功。

四、新兴社交媒体平台

新兴社交媒体平台，如小红书和微信视频号等，依托其强大的社交网络和电商功能，为主播提供了独特的内容创作和传播机制。具体来说，小红书侧重于"种草"和带货，特别适合美妆、时尚和生活方式类内容的创作与传播；而微信视频号则可以利用微信庞大的用户基础，增强内容的社交分享性。

1. 平台特点

(1) 小红书

小红书是一个聚集了众多年轻人的高质量社交媒体平台，特别擅长美妆、时尚等内容的推广。它支持用户生成内容和进行口碑营销，为主播提供了良好的创作环境和商业机会。

(2) 微信视频号

微信视频号凭借微信庞大的用户基础和高活跃度，在社交分享和电商销售方面具有显著优势。它为主播提供了广阔的传播渠道和丰富的变现方式。

2. 案例分析

例如，许多时尚博主在小红书上通过直播试穿不同品牌的服装、分享穿搭技巧，或者直播化妆过程、分享化妆技巧，成功吸引了大量年轻的女性观众。他们还通过直播中的链接直接销售产品，实现了高效的流量变现和商业合作。

3. 选择建议

小红书适合那些能够直接影响消费者购买决策的直播，如美妆产品的试用；而微信视频号则适合那些依赖社交网络传播的内容创作者。如果你本身具备较强的审美或时尚洞察力，并希望通过社交传播或直接销售产品来扩大你的影响力，那么选择这些平台将会非常合适。

初学者在选择直播平台时，应深入了解每个平台的特性和优势（如平台提供的技术支持、流量扶持和变现机制等），并结合自己擅长的领域和内容形式，根据自身的内容特点和目标受众来做出选择。

选择适合的平台，并结合精心策划的内容和有效的互动策略，即使是初学者也能在直播领域取得成功！

1.4 "避坑"指南：
初学者直播的 5 大常见错误及应对策略

随着电商直播行业的迅猛发展，越来越多的商家和个人加入这一领域。对于初涉此领域的新手来说，成功的直播远非仅仅在镜头面前推销产品那么简单。为了吸引观众并促进销售，直播前的充分准备、直播过程中的精细操作以及各个环节的细节把握都至关重要。

接下来，我们将分析初学者在直播中常犯的五大错误，并探讨相应的改进方法。

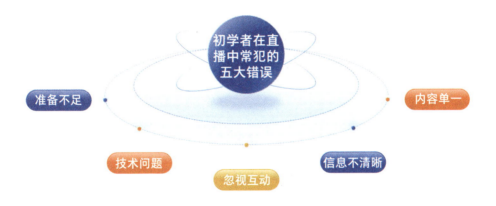

一、准备不足

许多新手在直播前未能做好准备工作，这往往导致直播过程中错误频出。常见的问题有对产品知识掌握不全面、直播脚本准备不充分或缺失，以及对直播流程缺乏明确的规划。例如，一位新主播在介绍一款智能手表时，对产品的功能细节描述不清，面对观众在评论区的提问无法迅速给出准确回答，导致观众流失。

该怎么解决这一问题呢？以下是一些建议。

1. 深入了解产品

主播在直播前应全面掌握所推广产品的信息，包括但不限于产品特点、品牌背景、适用场景、卖点和优势等。以智能手表为例，主播需要详细了解其防水性能、电池续航等具体细节，以确保能自信并准确地解答观众的问题，从而增强观众的信任感。

2. 详细规划脚本与流程

在直播前，制定清晰的直播脚本和流程，这包括开场白、产品亮点展示、促销信息介绍、互动环节等。以智能手表直播为例，脚本可安排先展示产品外观，再详细介绍功能，最后结合实际使用场景进行演示。

3. 多次彩排

在正式直播前，进行多次彩排以熟悉整个流程。可以邀请朋友扮演观众，测试互动效果，并模拟观众可能提出的提问。例如，朋友可能会问："这款手表的防水性能如何？"通过彩排，主播可提前准备好答案。

二、技术问题

在直播过程中，许多初学者常常因设备或网络问题导致直播效果不佳。例如，一位主播在推销护肤品时，麦克风设置不当，声音模糊不清，观众无法听清产品的介绍，致使大量潜在顾客流失。

该怎么解决这一问题呢？以下是一些建议。

1. 设备调试

在开播前，务必进行设备测试。以护肤品直播为例，应确保光线良好、摄像头高清，才能使产品展示更加清晰，帮助观众更直观地看到产品的质地和效果。

2. 网络稳定

在开播前，应提前测试网络速度，以确保直播过程的流畅性。为防止网络问题导致的卡顿或直播中断，建议使用有线连接或确保 Wi-Fi 信号稳定。特别是在进行重要促销活动时，网络的稳定性尤为关键，任何网络故障都可能造成重大损失。

3. 技术保障

如果条件允许，应安排专业人员负责监控直播中的技术问题。特别是在大型直播活动中，专业的技术保障至关重要。例如，许多品牌在进行大型促销活动时，会配置专门的技术团队，实时监控音视频流，确保直播顺利进行。

设备　　　　网络　　　　技术

三、忽视互动

在直播过程中，如果主播与观众互动不足，观众可能会感到无聊或被冷落，进而导致观众流失。例如，当一位主播在介绍服饰时，未能与观众进行有效的互动，只是单调地重复商品信息，而忽视了观众关于尺寸和款式搭配的询问，导致潜在客户流失，直播效果不佳。

该怎么解决这一问题呢？以下是一些建议。

1. 加强互动频率

主播在直播时应主动关注并及时回应观众的评论和问题，以避免潜在客户的流失。例如，在介绍服饰时，可以通过提问引导观众参与互动："你们喜欢这种款式的连衣裙吗？想不想看看其他颜色？"这样的互动能够增强观众的参与感和购买意愿。

2. 设立互动环节

在直播中，主播可以安排特定的互动环节，如问答游戏或投票等，鼓励观众积极参与，从而稳固粉丝群体。例如，在服饰直播中，主播可以邀请观众投票选择下一个展示的颜色，或参与"搭配挑战"等活动。这样的互动能够激发观众的参与热情，增加直播的趣味性。

3. 关注并响应观众反馈

在直播过程中，主播应密切关注观众的反馈并据此调整直播内容。例如，在服装直播中，如果主播注意到观众对某种颜色的服装表现出浓厚的兴趣，可以增加该颜色服装的展示时间，以满足观众的需求。通过这种方式，主播能够及时响应观众的需求，提升直播的互动性和观众的观看体验。

四、信息不清晰

在直播过程中，新手主播有时会未能及时且清晰地传递促销活动的信息，导致观众对优惠细节产生误解或错过购买的最佳时机。例如，在一次护肤品直播中，主播在提到折扣信息时语速过快，导致一些观众未能及时听清，从而错失了购买机会。

该怎么解决这一问题呢？以下是一些建议。

1. 清晰传达促销活动信息

在直播中，应多次提醒促销信息，并用简洁明了的语言进行强调。常见方法是在直播屏幕上显示促销条幅或动态文字，以确保信息清晰传达。例如，在护肤品折扣活动中，可以使用"立即购买享受 7 折优惠"或"数量有限，先到先得"等弹幕提示。

2. 利用视觉辅助工具

许多直播平台提供了展示优惠券、购买链接等优惠信息的功能，这有助于观众快速理解如何参与活动。使用这些功能不仅使促销信息更加直观，还能减少口头传达时可能出现的错误。

3．提供详细的参与说明

对于复杂的促销活动，主播一定要详细说明参与方式和具体步骤。例如，可以演示如何输入优惠码并完成订单，以避免观众因不了解流程而流失。清晰的指导能够帮助观众顺利完成购买，提高直播的销售效果。

五、内容单一

在直播过程中，如果主播的内容过于单一或重复，观众容易感到厌烦。例如，在一场电子产品直播中，如果主播一直重复介绍产品的同一功能，而没有展示其他特色或相关内容，观众可能很快就会失去兴趣，甚至觉得直播间乏味而离开。

该怎么解决这一问题呢？以下是一些建议。

1．丰富内容类型

在直播中适当增加多样化的环节和内容，如产品功能演示、品牌故事介绍、实际使用场景展示、客户评价分享等。以电子产品直播为例，主播可以先展示产品的基本功能，然后结合实际使用场景进行操作演示，接着播放用户反馈视频或邀请相关专家进行深入讲解。

2．加入娱乐性互动环节

比如在电子产品直播过程中，主播可以设置"快问快答"等互动环节，鼓励观众参与回答问题并赢取小奖品。这样既能提高互动性，也能增加直播的趣味性。

3．策划特别活动

品牌可以在节日期间或特殊时期策划主题特卖活动，或邀请明星嘉宾参与直播。这些都能提升直播的吸引力和热度，使观众更加期待和关注直播内容。

电商直播作为一种新兴的销售模式，虽然初学者可能会遇到各种挑战，但通过精心准备、确保技术保障、优化互动环节、清晰传达促销信息和策划丰富多彩的内容，就能有效提升直播效果和观众的参与度。

1.5 装备指南：直播硬件与软件的一站式搭建方法

想要在不同平台上进行高质量的直播，选择合适的硬件和软件设备是关键。以下提供一份详细的直播电商硬件和软件配置指南，旨在帮助初学者全方位构建一个优质的直播环境。

一、直播电商硬件设备

1．电脑／笔记本

（1）处理器

为确保高质量直播的流畅进行，建议使用 Intel i5 或 AMD Ryzen 5 系列及以上级别的处理器。高性能的处理器能够轻松处理视频流和多任务操作，保障直播过程的流畅性。

（2）内存

为保证直播的高质量稳定输出，直播设备的内存配置应至少达到 8GB RAM。较大的内存可以提高系统的响应速度，有效减少直播过程中的卡顿现象。

（3）硬盘

硬盘方面，推荐选择 SSD 硬盘，其能显著提升数据的读取和写入速度，确保直播数据的流畅处理。

（4）设备推荐

台式机推荐：可以考虑联想拯救者系列、华硕 ROG 系列、戴尔 XPS 系列等机型。这些机型配置高端，且具有良好的扩展性，非常适合高质量直播的需求。

笔记本电脑推荐：华为 MateBook X Pro、戴尔 XPS 15、苹果 MacBook Pro 等系列的笔记本电脑都是不错的选择。它们不仅性能卓越、扩展性好，满足高质量直播的要求，还具备便携性，方便外出直播。

2. 摄像头

（1）分辨率

在直播中，摄像头的分辨率至关重要。建议选择 1080p（全高清）分辨率的摄像头，以确保直播画面清晰细腻，为观众带来高质量的视觉体验。

（2）光线适应性

直播摄像头应具备良好的低光环境适应性，以确保在光线不足的环境中也能捕捉到清晰的画面，避免画面模糊影响观看效果。

（3）设备推荐

Logitech C920：罗技 C920 摄像头以其 1080p 的高分辨率和自动对焦功能而广受欢迎，适合大多数直播场景。

佳能 EOS M50：对于追求更高视频质量的直播间，可以考虑使用这款相机。它能够提供更高的画质和更丰富的拍摄选项，满足专业直播的需求。

3. 麦克风

（1）音质

应选择能够捕捉高质量音频的麦克风，以确保声音清晰地传达，并有效抑制背景噪声，提升直播的听觉体验。

（2）类型

电容麦克风通常提供比动圈麦克风更优异的音质，是直播中的首选。

（3）设备推荐

Blue Yeti：这款麦克风具备多种录音模式（包括单指向、全向、立体声等），能够适应多种直播场景。

雷蛇 Seiren X：以其清晰的音质和较高的性价比受到许多专业主播的青睐，特别适合电商直播使用。

4. 灯光

（1）灯具

直播间应使用能提供均匀光线的灯具，以减少阴影对人物面部照明的影响，确保直播画面的明亮度和清晰度。

（2）灯光调节

直播间灯光的亮度和色温应可调节，以适应不同的拍摄环境和需求，为观众带来更好的视觉体验。

（3）设备推荐

Neewer 环形灯：环形灯能够提供均匀的光线，减少面部阴影，非常适合美容类和直播类的内容。

Godox LEDP260C：这款 LED 软灯可调节光线的亮度和色温，适合各种直播场景。但其体积较大，不便于外出携带。

5. 绿幕（可选）

（1）材料

在选择绿幕时，应优先考虑高质量的绿幕布，以有效避免在拍摄过程中因材料问题而出现的色彩不均匀和反光等问题。

（2）尺寸

幕布的尺寸也很重要，应根据直播空间的大小来选择合适的尺寸，以确保摄像头能够完整地捕捉到背景。

(3) 设备推荐

在网络上有许多绿幕产品可供选择，应选择那些易于安装和使用的产品。如果有外出需求，应考虑选择可折叠设计、便于收纳和运输的绿幕。

6. 支架和三脚架

(1) 稳固性要求

支架和三脚架必须能够稳固地支撑摄像头和灯光设备，防止设备在直播过程中发生移动或倾斜，影响直播效果。

(2) 调节功能

在使用支架和三脚架前，需要根据拍摄的需求进行高度和角度的调节，以确保设备始终处于最佳拍摄位置。

(3) 设备推荐

曼富图 Compact Action：这款三脚架具备稳固性和灵活的调整选项，能够适应大多数设备的使用需求。

Neewer 灯光支架：专为灯光设备设计，具有强大的稳定性和高度可调节性，满足专业直播的需求。

二、软件配置

1. 直播软件选择

(1) 兼容性

直播软件应支持主流直播平台（如抖音、微信视频号、虎牙等）的推流功能，并且稳定流畅。

(2) 功能性

直播软件应提供丰富的功能，如场景切换、画中画、实时弹幕等，以满足直播的多样化需求。

(3) 软件推荐

OBS Studio：这是一款开源且免费的软件，功能强大，支持多种插件和自定义设置，适用于大多数直播场景。

直播伴侣：这是专为抖音直播设计的软件，但需要注意，该软件目前仅支持 Windows 系统，与苹果系统并不兼容。

2. 视频编码

（1）编码器

建议选择 x264（软件编码器）或 NVENC（NVIDIA 硬件编码器）。优质的编码器能够减轻 CPU 的负担，提升直播的流畅度。

（2）分辨率

直播视频的分辨率通常设置为 1920×1080（全高清），以确保画面清晰。然而，根据实际带宽条件，有时也可以选择 1280×720（高清）分辨率。

（3）帧率

直播视频的帧率一般设置为 30fps 或 60fps。60fps 能提供更流畅的视觉效果，但需要更高的带宽和处理能力。

（4）设置优化

比特率：较高的比特率能提升画质，但需要确保网络的稳定性。根据一般的网络带宽条件，推荐的比特率范围为 3000 ~ 6000kbps。

关键帧间隔：建议设置为 2 秒，有助于确保视频流畅并减少延迟。

3. 音频

（1）麦克风增益

在直播前，应调整麦克风增益，以确保获得最佳音质，避免音量过大或过小。

（2）噪声抑制

应启用噪声门和噪声抑制功能，以减少背景噪声干扰，提高直播音频的质量。

（3）音频优化

音频均衡器：使用均衡器调整音频频率，可以提升音质，使声音更加清晰自然。

音频监控：通过耳机实时监控音频，确保直播过程中声音质量稳定。

4．平台集成

（1）流密钥和服务器地址

在直播软件中绑定抖音、微信视频号、虎牙等平台的账号，并输入相应的流密钥和服务器地址，以完成推流设置。

（2）测试

在正式直播前，一定要提前进行测试，确保流密钥和服务器地址无误、推流顺畅，并检查视频和音频质量是否满足播出要求。

5．互动插件

一些直播活动插件，如 Streamlabs、Chatbot 等，能提供实时弹幕、聊天和打赏等功能，帮助处理互动中的常见问题，从而提升直播的互动体验。

装备准备好了之后，各位初学者就可以开始直播了。需要注意的是，在直播这件事中有三个非常重要的组成要素，那就是人物、货品和场景。在接下来的三章内容里，我们将对直播间的"人""货""场"三要素进行全面且深入的学习。

第二章

直播三要素之人物篇

2.1　成名之道：成为"爆火网红"有窍门

想要成为一名"爆火"的网红，关键在于持续创新、深入了解目标受众以及不断优化自己的内容与策略，因此我们需要掌握多方面的技能和策略。

窍门一：需有精准的定位与深入的市场洞察

成功的网红通常都对自己的定位有明确的认识，这包括正确选择一个能够吸引特定受众群体的内容领域。深入的市场洞察可以使主播更准确地把握市场

窍门二：注重内容创新
与质量保证

窍门一：需有精准的定位与深入的市场洞察

窍门六：需持续学习以适应市场变化

成为"爆火网红"有窍门

窍门三：需制定精准的
社交媒体策略

窍门七：需具备规则意识与社会责任感

窍门五：需有适合自己的
品牌合作与商业化模式

窍门四：注重粉丝互动与社区建设

趋势和消费者需求，实现可持续发展。因此，深入了解平台的特点，如受众偏好、流行趋势和文化特征等，对制定有效的内容策略至关重要。

李子柒就是一个很好的例子，她从一开始就明确了自己的定位——展示中国传统手工艺和乡村生活，这种定位成功吸引了对传统文化和田园生活感兴趣的受众。李子柒的内容策略巧妙地结合了平台流行趋势和文化特征，使她在全球范围内赢得了巨大的成功。

窍门二：注重内容创新与质量保证

当前，各平台网红经济竞争激烈，内容创新成为吸引并保持观众注意力的关键。要想成功"破圈"，内容不仅要新颖，还要保证高质量，这包括但不限于视觉呈现、剪辑技巧、叙事方法等多个方面。

李子柒以展示中国传统手工艺和乡村生活为主，这在当时的内容创作中显得尤为独特。她的视频不仅展示了制作流程，还融入了丰富的中国传统文化和乡村生活故事，既具有教育意义，又富有娱乐性。

此外，李子柒的视频制作质量非常高，画面美观且充满艺术感，她特别注重细节处理，如自然光线的运用、场景布置以及镜头角度的选择，这些都极大地增强了视频的观赏性。

窍门三：需制定精准的社交媒体策略

要想成为一名成功的网红，精通各大社交媒体平台（如微博、抖音、快手等）的运营是必不可少的。每个平台都有其特定的内容形式和受众群体，因此需要针对不同的平台制定相应的内容策略并采取精准的运营方法。

例如，抖音平台适合发布短视频，强调快速传播和即时反馈；而微博则更适合进行深度互动和信息传播。了解如何在各个平台上最大化内容的影响力和覆盖范围，对于建立广泛的粉丝基础至关重要。

窍门四：注重粉丝互动与社区建设

粉丝互动是建立忠实粉丝群体的关键。及时回应粉丝评论、积极参与直播互动以及创作互动式内容，如投票或问答，能有效提升粉丝的参与度，增强他们的归属感。此外，建设自己的粉丝社区，并定期举办线上、线下活动也有助于巩固粉丝的忠诚度。

窍门五：需有适合自己的品牌合作与商业化模式

商业化是许多网红的重要收入来源，而电商销售是适合大部分网红的商业化模式。与品牌的合作需要网红具有较高的商业敏感度和品牌契合度，选择与个人形象和粉丝基础相契合的品牌进行合作，才能实现双方的共赢。

窍门六：需持续学习以适应市场变化

互联网趋势和技术更新迅速，对于网红而言，持续学习和适应新的市场变化至关重要。这涉及对最新社交媒体工具、算法更新、市场趋势以及竞争对手策略的全面了解等。

窍门七：需具备规则意识与社会责任感

遵守各个平台的规则并具备高度的社会责任感，也是网红成功的关键。这要求网红避免发布敏感或违规内容，致力于维护网络环境的健康与正义。同时，作为公众人物，网红应积极参与公益活动或倡导积极的社会价值观，以树立良好的个人形象。

2.2 人设打造：主播的形象与风格建议

在电商直播领域，主播的人设（Persona）是吸引和保持观众兴趣的重要因素。一个清晰且吸引人的人设，能够帮助主播在竞争激烈的市场中脱颖而出。以下是对主播人设打造的几点建议。

一、树立诚信可靠的专业形象

1. 展示专业性

在电商直播中，主播展现的专业知识能够让观众感受到主播的专业性，进而增加观众的信任感并提高他们的购买意愿。主播应对所售商品有深入了解，这不仅包括产品的基本信息，还应涵盖产品的使用体验、成分分析或市场比较等。

例如，主播销售护肤品，就可以分享产品中每种成分的作用、如何选择适合自己肤质的产品，以及产品与竞争品牌之间的对比等内容。

2. 展现真诚

真诚是建立长期客户关系的基础。观众能否感受到主播的真诚，将直接影响他们的购买决策。

主播可以通过分享自己使用产品的真实经历，全面展示对产品的了解并给出客观评价。应真诚地分享个人体验，避免过度夸大其词。

二、塑造亲和力强的"邻家朋友"形象

1. 使用简单易懂的语言

使用简单易懂的语言是增强亲和力的重要方法。主播应避免过多使用专业

术语或行话，而应使用观众容易理解的语言进行沟通。

例如，在介绍一款厨房用具时，主播可以用日常生活中的例子来说明产品的实际效果，而不是仅仅罗列技术参数。这种方式能让观众感觉像是在与朋友交谈，而不是在听一场商业推广，因此更容易产生亲近感。

2．展现热情积极的态度

在直播过程中，主播应展现出真诚热情，主动与观众互动，积极回应观众的问题和评论。热情和积极的态度不仅能极大地提升观众的观看体验，还能让观众感受到主播的友好和热忱。

三、塑造独特的"时尚达人"形象

1．引领潮流

在时尚电商直播领域，主播的时尚敏感度和趋势引领能力极为重要。主播可以通过展示最新的时尚趋势、分享流行搭配技巧以及介绍即将推出的时尚单品，来吸引对时尚感兴趣的观众。

例如，主播可以展示如何根据不同的场合挑选合适的服装，以及如何利用配饰提升整体造型的时尚感。这样的时尚指导不仅能吸引观众，还能确立主播在时尚领域的权威地位。

2．展现鲜明个性

主播的穿着打扮和直播场景设计应具有高辨识度，以展现自己独特的审美观念和个性魅力。个性鲜明的主播更容易给观众留下深刻的印象。

例如，主播可以通过挑选独特的服装和配饰，以及设计别具一格的直播间布置，来凸显自己的个性。这种独特的风格不仅能吸引观众的眼球，还能帮助主播在众多竞争者中脱颖而出。

四、打造幽默风趣的"娱乐家"形象

1．运用幽默

幽默感是提升观众观看体验的有效手段。在直播中融入幽默元素，可以让观众在购物的同时获得娱乐体验。主播可以通过适当的幽默言辞、趣味故事或有趣的互动来增加直播的娱乐性。

例如，主播可以分享一些有趣的个人经历，或者与观众进行轻松幽默的对话。这不仅能提升观众的愉悦感，还能加深他们对直播内容的记忆，从而增加对主播的关注。

2. 营造轻松氛围

在直播过程中，主播可以通过营造愉悦的氛围来让观众在购物时感到轻松。创造一个轻松的购物环境能够显著提升观众的观看体验。

例如，播放轻松的背景音乐、使用亲切的语调，以及在直播过程中进行幽默的互动，这些都有助于营造一个愉悦的购物氛围。这样的环境可以减少观众的紧张感，使他们更愿意在放松的状态下做出购买决定。

五、塑造"传播者"与"导师"形象

1. 分享知识

对于需要利用专业知识解读的产品，如健康产品、美妆产品等，主播可以塑造自己作为知识传播者的形象。通过深入讲解产品的成分、使用方法和潜在效果，主播可以帮助观众更全面地了解产品，进而促使他们做出明智的购买决策。

例如，主播可以在直播中指导观众如何选择适合自己的护肤品，根据不同肤质提供建议，并介绍美容的技巧和最新趋势。这种知识分享不仅能加深观众对产品的理解，还能增强主播在相关领域的权威性。

2. 提供建议与指导

提供实用的购买建议和使用指导是主播在直播过程中不可或缺的一环。主播可以通过实际演示来指导观众如何正确使用产品，如何根据个人需求选择适合的产品，以及如何处理常见的使用问题。

例如，对于一款新的厨房电器，主播可以进行详细的使用演示，展示其操作步骤和保养技巧。这种实际的指导能够帮助观众在购买后快速上手，从而提升产品的使用效果和观众的满意度。

六、人设打造后的注意事项

1. 提供多样化内容

为了使直播更加丰富且吸引人，主播应结合教育、娱乐和专业知识，从多个角度展现产品。主播可以在直播中穿插不同类型的内容，如产品使用技巧、专家访谈、用户评价以及娱乐互动等，以增加直播间内容的多样性。

例如，主播在介绍新产品时，可以邀请相关领域的专业人士或真实用户参与互动，分享他们的专业见解或亲身体验，并结合实际案例进行讨论。

2. 注重观众互动与反馈

在直播过程中，主播可以通过实时问答、调查投票和评论回复等方式，获取观众对产品和内容的反馈，及时了解他们的需求，并据此调整直播策略，以提高直播效果。

例如，主播可以在直播中发起投票，询问观众对未来内容的兴趣点，或邀请观众提出问题，并即时给予回答。

成功的主播人设，需要结合主播自身的特长和目标受众的偏好，进行精心设计和不断创新。每一种人设都有其独特的魅力和优势，初学者应根据自身情况塑造符合自己的人设形象。

2.3 心态构建：主播心理素质与情绪管理

随着电商直播领域的蓬勃发展，许多新手主播也在涌入这一行业。越来越多的人意识到，对于新手电商主播来说，拥有良好的心态——心理素质和情绪管理，是至关重要的。

一、心态构建的重要性

1. 建立积极的自我认知

新手主播在初入电商直播行业时，可能会因为技术不熟练、经验缺乏等原因面临一系列挑战，这些挑战可能会在直播过程中引发各种情况。因此，建立积极的自我认知非常重要。积极的自我认知不仅能帮助主播保持坚定信心，还能激励他们不断学习和进步。

例如，当新手主播在直播中发现自己对某些产品的了解不足时，积极的自我认知可以引导他们看到问题的另一面，即这是一个学习和成长的机会，而不是失败的象征。

2. 学会接受失败与挫折

在直播过程中，遇到各种失败和挫折是在所难免的。学会接受失败并将其视为改进和提升的机会，有助于主播减轻负面情绪的影响。一个成功的电商主播往往经历了无数次的失败和调整，他们将这些经历视为成长道路上不可或缺的一部分。

3. 设定切合实际的目标

新手主播应设定切实可行的目标。初期目标可以包括学习直播设备的操作技能、掌握基础的产品介绍技巧等；而长期目标则可以是逐步增加观众数量、提升销售业绩等。

通过设定并追求这些阶段性的目标，主播可以不断审视自己的进步，并根据这些目标调整自己的直播策略。

二、新手电商主播需具备的心理素质

1. 自信与坚韧

自信是电商主播迈向成功的核心要素，它使主播在直播中表现得更加自然和专业，从而赢得观众的信任。例如，一位成功的化妆品主播所展现出的对产品的坚定信心，能够激发观众对产品效果的强烈期待。

另一方面，坚韧则意味着在面对挑战和挫折时，不轻言放弃。当遇到负面反馈时，主播应该坚持改进，并将其视为成长的机会。

2. 出色的沟通能力

出色的沟通能力对电商主播至关重要。主播不仅需要清晰地传达产品的特点，还需即时解答观众的疑问，并妥善处理直播中出现的突发情况。例如，一位成功的服装主播可以通过生动的描述和详细的介绍，结合互动环节及时回应观众的问题，从而提升观众的购买意愿。

3. 稳定的情绪

稳定的情绪对电商主播极为重要。在直播过程中，主播可能会因技术问题或观众反馈等而感到焦虑或紧张，保持情绪稳定有助于主播更好地应对这些挑战。例如，当面对网络卡顿、延时、无声或链接故障等问题时，主播应能冷静处理并迅速解决问题，避免情绪波动对直播效果造成负面影响。

4. 强大的适应能力

电商直播的环境变化迅速，新手主播需要具备强大的适应能力。例如，直播平台的规则可能会随时调整，市场趋势也可能瞬息万变，主播需要能够迅速适应这些变化，并灵活调整自己的直播策略，以保持竞争力。

5. 良好的自我调节能力

自我调节能力是指主播在直播过程中能够管理好自己的情绪和状态，保持积极、专业的形象。主播可以通过一些简单的放松技巧来缓解紧张情绪，如进行深呼吸练习或短暂的休息。这些方法有助于主播在直播中呈现出最佳表现。

三、情绪管理技巧

1. 情绪的自我觉察与识别

主播需要识别并理解自己的情绪状态。通过自我反省和情绪记录的方式，主播可以更深入地了解情绪的起源和影响。例如，有位主播发现自己在直播前总是焦虑不安，经过记录和分析后，他意识到这是由于自己对直播内容的准备不充分所导致的，于是采取了相应的改进措施。

2. 情绪调节策略

（1）深呼吸与放松

在直播前或遇到突发情况时，主播可以通过深呼吸来帮助自己保持冷静和放松。

（2）积极自我对话

遇到挫折时，主播可以通过积极的自我对话来提升自信心。例如，给自己正面的鼓励，提醒自己已经做好了充分的准备，直播一定会顺利进行。这种积极的自我对话有助于增强主播的自信心，提升其表现力。

（3）合理休息与调整

直播是一项很消耗体力的活动，因此应合理安排主播的休息时间，以避免过度疲劳。例如，每隔1小时安排主播进行短暂的休息，这有助于主播保持充沛的精力和稳定的情绪状态。

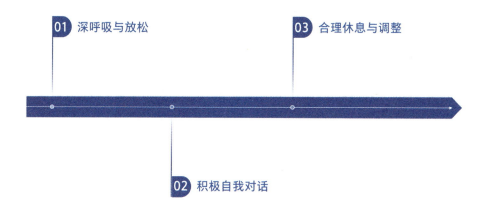

3．设立应对机制

（1）制订应急计划

优秀的主播会提前为直播中可能出现的问题制订详细、全面的应急计划。例如，准备备用设备，以确保在技术问题出现时能够迅速进行切换。

（2）建立支持网络

初学者可以积极与同行或资深主播进行交流，分享经验和建议。建立这样的支持网络能够让主播在遇到困难时获得帮助和支持。例如，某主播通过与其他主播的交流，了解到如何应对常见的直播问题，从而提高了自己的应对能力。

4．培养积极情绪

（1）正面激励

设定小目标并在达成后给予自己奖励。例如，完成一个直播活动后，奖励自己一场电影或一顿美食。这种正向激励可以提高主播的工作热情。

（2）享受过程

将重心放在享受直播过程和与观众的互动上，而不是仅仅关注销售结果。例如，主播在直播中可以尝试享受与观众的互动过程，而不是单纯地关注销售数据。这种心态有助于主播更好地与观众建立联系，从而提升直播的效果。

四、持续学习与成长

1. 学习新技能

新手主播应不断学习和提升自己的技能，这包括掌握最新的直播技术、互动游戏方法，以及提高产品介绍的技巧等。例如，通过参加培训课程、观看并学习其他优秀主播的直播等方式，主播可以不断更新自己的知识和技能，以保持竞争力。

2. 定期分析与总结

定期评估直播效果并总结经验对主播至关重要。通过查看观众反馈和销售数据等，主播可以识别出自己的改进点。例如，有位主播通过分析直播数据发现某些产品的介绍方式效果不佳，于是及时调整了策略，重新梳理了产品介绍的语言技巧和展示方式，从而有效提升了转化率和销售成绩。

3. 寻求反馈与改进

主播应积极寻求观众和同行的反馈意见，准确识别自身的优缺点，从而有效改进直播策略和内容。例如，有位主播通过观众的评论了解到自己的讲解不够详细，于是迅速调整了讲解方式，丰富了讲解内容，最终使直播内容变得更加全面和有吸引力。

2.4 魅力传达：通过语气、动作提升直播表现力

在电商直播行业中，语气与动作不仅是传递信息的工具，更是塑造个人魅力和吸引观众的重要手段。要想成为一名成功的电商主播，关键在于如何通过语气和动作来提升直播的表现力，进而有效传达个人魅力。

语气　　　　　　　　　　　　　　　　动作

一、语气方面

1. 保持积极热情的态度

假设你正在直播一款新的智能手表，你可以用充满热情的语气开场："大家好！今天，我非常兴奋地为大家介绍这款全新的智能手表。它不仅外观时尚，而且功能十分强大，无论是运动爱好者还是科技达人，这款手表都能满足大家的不同需求！"

分析：积极、充满活力的语气，能激发观众的兴趣和购买欲望。主播的兴奋和热情会让观众感受到你对产品的真心喜爱，从而更愿意了解和购买。

2. 合理调整语速

当你介绍智能手表的关键功能时，可以适当放慢语速，确保每一个细节都

能被观众听清楚："首先，这款手表拥有超高精度的心率监测功能，可以实时跟踪你的心率变化，非常适合喜欢运动的朋友们。"

分析：一般来说，放慢语速有助于观众更好地接收和理解一些较为复杂的信息。而当你介绍促销活动时，可以适当加快语速，营造紧张感："现在购买这款手表，还可以享受限时 8 折优惠！赶快行动吧！"

3．灵活使用语调变化

在介绍产品的独特卖点时，可以采用高亢激昂的语调："这款手表最大的亮点就是它的全触控屏幕，可以让你随时查看消息、控制音乐，享受极致的便捷！"

分析：语调的变化有助于突出重点，让观众更加关注你想要传达的信息。激昂的语调可以激发观众的兴奋感，促使他们更加投入地观看直播。

4．精准控制语音音量

在讲述产品的普通功能时，可以使用适中的音量："这款手表支持日常的通知推送，包括短信、邮件等。"而在介绍限时优惠时，可以提高音量，表现出兴奋和紧迫感："现在购买还有额外的折扣，机会难得，不容错过！"

分析：适当的音量控制能让你的直播内容更具层次感，使观众在接受不同的信息时保持高度的注意力。

5．使用情感表达

在介绍产品的好处时，可以运用充满感情的语言："这款手表的设计真是太美了，戴上它，你一定会感到无比自信！"

分析：主播通过情感表达来加强与观众的情感联系，可以使产品的介绍更加引人入胜。观众会被主播的情感感染，从而更容易产生购买的冲动。

二、动作方面

1．展现自然流畅的肢体语言

在展示智能手表时，主播可以自然地拿起手表，转动手腕，展示手表的各个角度和功能："大家看，这款手表的屏幕非常清晰，而且触控也很灵敏，使用起来非常方便。"

分析：通过实际操作来展示产品的细节，观众能够更直观地了解产品。主播自然流畅的肢体语言能够让观众更清晰地看到产品的实际效果，从而增加直播的互动性和真实性。

2．保持良好的站姿或坐姿

如果你是在桌子前坐着直播，可以保持坐姿端正，双手自然地放在桌面上，面带微笑；若是站立直播时，则双脚分开，与肩同宽，保持自然放松的姿态。

分析：良好的姿态能够传达主播的自信和专业性，让观众觉得你是一个值得信赖的主播。同时，舒适的姿势也有助于主播更加流畅、自然地表达。

3．注视镜头

在回答观众提问时，主播应保持目光注视镜头，用热情的语气回应："谢谢你的问题，这款手表的电池续航能力的确非常强劲，可以支持长达一周的使用时间。"

分析：认真注视镜头能够让观众感受到主播的关注和诚意，从而增强直播的互动感和亲密感。这种互动方式会让观众觉得主播是在与他们进行直接的沟通。

4．运用表情

当介绍产品的特别优惠时，你可以用惊喜和开心的表情："哇！今天的优惠活动真的非常划算，大家千万不要错过这个绝佳的机会哦！"

分析：丰富的面部表情能够增加直播的生动性和吸引力。表情的变化可以更好地传达主播的情感，让观众对直播内容产生更多的兴趣和共鸣。

5．与观众互动

在直播过程中，积极回应观众的评论："我看到有家人问这款手表是否支持心率监测，答案是肯定的！它配备了心率监测功能，适合咱们各种运动时的需求。"

分析：互动能够与观众建立更紧密的联系，使观众感受到被重视。主播积极回应观众的问题和评论，可以提高直播的互动性和观众的参与感，有效减少意向客户的流失。

三、综合提升策略

1. 定期练习

主播应安排定期的直播模拟练习，录制自己的直播视频，然后观看回放进行自我评估，寻找可以改进的地方。例如，练习如何更自然地介绍产品功能，如何调整语气和动作来提升表现力，以及如何面对镜头以展现最佳形象。

分析：定期练习有助于提高直播技巧，帮助主播发现并纠正问题，逐步找到最适合自己的直播风格。通过不断练习，新手主播也能在直播中表现得更加自信和自然。

2. 观察和学习

观看知名电商主播的直播，分析他们如何运用语气和动作来吸引观众。观察他们如何通过语调变化来突出产品特点，以及如何运用肢体语言展示产品功能等。

分析：学习成功主播的技巧可以帮助新手主播了解行业标准和观众喜好，从而直接提升自己的直播表现。通过借鉴别人的成功经验，初学者可以更快地找到适合自己的直播风格。

3. 不断获取反馈

在每次直播结束后，向观众或同行征求反馈意见："欢迎大家分享你们对今天直播的看法，有哪些地方是我们需要改进的呢？"

分析：获取反馈能够帮助主播更快地了解观众的真实感受和需求，从而根据反馈不断调整和优化自己的直播表现。

2.5 法律指导：合法合规地安全带货

电商直播带货作为一种新兴的营销方式，已经成为许多商家和品牌推广的重要渠道。但随着其快速发展，合法性和合规性的问题也越来越受到关注。

以下是一些关于此行业的详细指南和示例，以帮助初学者在直播带货中保持合法合规和安全。

一、特定行业需要"报白"

1. "报白"的概念

在抖音及其他直播平台上，商家或主播在推广特定行业的产品或服务时，通常需要提前进行"报白"或审批。需要"报白"的行业通常包括但不限于医药健康、金融理财、成人产品、法律服务和教育培训等。

例如，医药公司如果想要在抖音上直播推广其新款保健品，必须进行"报白"。商家须提供产品的相关资质证明和审批文件，以确保其推广内容不违反《中华人民共和国广告法》和平台规定。

2. "报白"的申请流程

申请"报白"的流程通常包括以下几个步骤：

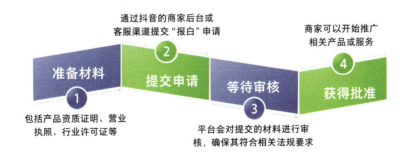

通过抖音的商家后台或
客服渠道提交"报白"申请

商家可以开始推广
相关产品或服务

准备材料 ① **提交申请** ② **等待审核** ③ **获得批准** ④

包括产品资质证明、营业
执照、行业许可证等

平台会对提交的材料进行审
核，确保其符合相关法规要求

二、电商平台对功效类产品的严格管理

1. 功效类产品的内容

在抖音等平台上，对功效类产品内容的管理尤为严格。涉及医疗、保健、减肥、美容等领域的内容，都必须遵守相关法律法规，并且不得夸大或进行虚假宣传。我们可以参考以下示例。

医疗效果：某保健品公司在直播中宣称其产品能"治愈糖尿病"。由于这种宣传违反了《中华人民共和国广告法》，该直播被平台下架，并要求商家提供合法证明。

减肥效果：一款减肥药的直播中声称"能在一周内减掉10公斤"。这种夸大宣传可能导致用户健康问题，因此平台会对这种内容进行严格审查。

美容效果：某护肤品牌在直播中宣传其产品能"立刻去皱"。这种未经科学验证的宣传容易误导消费者，平台通常会禁止类似内容的传播，一经发现将会面临严厉处罚。

2. 功效类产品的宣传

根据《中华人民共和国广告法》和其他相关法规，功效类宣传必须具有充分科学依据和经过相关法律批准。具体包括以下几种。

（1）药品广告

电商平台对药品相关内容的审核非常严格，药品广告必须获得国家药品监督管理部门的批准，不得随意宣传药物的治疗效果。

（2）保健品广告

电商平台对保健品的审核同样严格，保健品广告必须遵守《保健食品管理办法》，在宣传中不得声称具有医疗效果。

（3）化妆品广告

在化妆品销售过程中，容易出现"功效性问题"。化妆品宣传应避免使用"治愈""立刻见效"等夸张性词汇，应真实、准确地描述产品的实际效果。

三、内容合规与真实宣传

1．内容真实的重要性

在直播过程中，主播需要确保宣传内容的真实性。虚假宣传不仅违反平台规定，还可能带来法律风险。商家和主播应遵循以下原则。

（1）准确描述产品

如实地介绍产品的功能和效果，避免夸大其词。例如，在推广一款护肤品时，应明确阐述产品的保湿效果，但不能声称能"杜绝皱纹产生"。

（2）避免虚假承诺

主播应避免做出无法实现的承诺。例如，在减肥产品广告中，不应承诺"一个月内瘦身 20 公斤"，而应提供实际的使用效果数据和用户反馈。

主播还应避免做出夸张承诺。例如，在一场关于健身器材的直播中，主播避免了使用"能快速塑形"这种夸张的说法，而是详细介绍了器材的使用方法和实际效果，从而减少了虚假宣传的风险。

2．遵循平台规定

平台对直播内容有严格的管理规定，商家和主播应熟悉并遵守这些规定，以避免违规。

（1）敏感词

避免使用平台禁止的敏感词汇。例如，在直播标题和介绍中不要使用"治愈""奇迹"等可能引发误解的词汇。

（2）广告标识

清晰标注广告标识。例如，在直播开头或视频描述中明确注明这是广告推广内容。

四、用户互动与沟通需合规

1．处理用户问题

在直播过程中，积极处理用户问题和反馈是合规服务减少客诉的重要环节。主播应注意以下几点。

（1）积极回应

若有用户在直播中询问产品质量问题，主播应积极做出回应，并提供详细的产品使用说明。这种积极互动不仅提高了用户的满意度，还能减少因信息不全导致的投诉。

（2）解决争议

若有用户在直播中对产品效果质疑，主播应在直播结束后主动联系该用户进行沟通，并提供退换货服务。这种及时处理问题的方式不仅能积极响应平台要求，还能有效提高用户的信任度。

2. 避免虚假宣传

建立与观众的信任关系是成功直播带货的关键，平台禁止任何形式的虚假宣传。在直播过程中，主播需要时刻谨记：客观展示自己的专业性和分享真实体验。

（1）客观展示自己的专业性

例如，在某健康产品直播中，主播利用自己的医学背景，为观众提供了专业的健康知识科普和产品使用建议，这种专业性可以增加观众对主播及其推荐产品的信任感；而对于为了推销商品而虚构自身专业背景的直播行为，平台一旦发现将会予以严厉处罚。

（2）分享真实体验

例如，在某食品品牌的直播中，主播分享了自己使用该产品的实际效果，并展示了用户的真实评价，这种真实的分享增强了用户的购买信心。不过，也有个别直播间为了追求销量而编造虚假的用户评价，这种行为一旦被平台察觉，必将受到严厉的惩罚。

五、遵循法律法规

1. 遵守广告法的要求

在直播中宣传产品时，如某饮品品牌宣传其产品的健康益处，应确保所有宣传语句都经过法律审查，不违反《中华人民共和国广告法》的规定，以避免法律风险。

2. 遵循其他法律法规

除了《中华人民共和国广告法》外，直播带货还需遵循其他可能涉及的相关法律法规，如《中华人民共和国消费者权益保护法》和《中华人民共和国反不正当竞争法》等。

在直播带货过程中，保持真诚的态度和合规的经营，不仅能帮助商家避免法律风险，还能提高观众的信任度和满意度，从而实现长期的成功。如果遇到更多具体问题或需要进一步的帮助，建议咨询相关专业人士或平台客服，以确保直播活动的合法合规和顺利进行。

第三章

直播三要素之货品篇

3.1　畅销指南：直播间多元化的商品策略

在竞争日益激烈的电商直播领域，正确选择畅销产品和积极实施多元化商品策略，是提升电商直播成功概率的关键所在。

选择

畅销商品

实施多元化

商品策略

一、正确选择畅销商品

1. 产品关键因子分析

(1) 销售数据分析

通过分析平台上的销售数据，可以了解哪些产品在短时间内实现了较高的销售量。平台提供的销售榜单、热销商品数据等，可以帮助主播发现潜力产品。例如，很多电商平台的"热销榜单"就能够展示近期销售最好的商品，主播应重点关注这些排名靠前或自带"热度"的商品。

(2) 用户评价与反馈分析

用户的评价和反馈能够反映出产品的受欢迎程度和实际使用效果。主播可以通过分析这些评价反馈，了解某个产品的真实评论和评分，进而筛选出评价高且受欢迎的产品。例如，如果某款面膜的用户评价普遍较好，那么这款产品在市场上就得到了一定的认可。

2. 市场调研

(1) 竞争对手分析

观察竞争对手的直播内容，有助于了解他们推广的畅销产品。通过研究竞争对手的成功案例，主播可以借鉴其策略，并根据自身的特点进行调整。例如，如果某竞争对手的护肤品直播获得了很高的观众参与度，那么主播就可以选择类似的产品进行推广。

(2) 行业趋势分析

主播应关注行业内的最新趋势和潮流，选择符合市场趋势的产品。例如，近几年绿色环保产品逐渐受到消费者的青睐，主播可以考虑引入有机护肤品或环保家居产品。

(3) 观众需求分析

① 观众调研

通过调查问卷、社交媒体互动等方式，了解观众的兴趣和需求。例如，许多知名主播都会定期利用社交媒体发布调查问卷，询问观众对哪些产品感兴趣，以便选出更符合观众需求的产品。

② 实时数据监控

在直播过程中，监控观众的实时互动和反馈，有助于主播灵活调整产品推广策略。例如，当发现观众对某个产品表现出较高的关注度时，主播就可以适时增加该产品的展示时间或提供更多的详细信息。

二、积极实施多元化商品策略

为了提升直播间的吸引力和销售效果，电商主播可以采用以下多元化的商品策略。

1. 多样化产品品类

（1）主打品类与辅助品类搭配

主播可以选择一个主打品类（如护肤品、家居用品等），并在直播中引入与主打品类相关的辅助品类。这样，既可以通过主打品类吸引观众关注，又能利用辅助品类增加额外的销售机会。例如，在护肤品的直播中，除了主打护肤产品外，还可以引入化妆工具或保养配件等辅助品类。

（2）热门新品与经典畅销品结合

将热门新品与经典畅销品相结合，可以满足不同观众的需求。热门新品能够吸引观众进入直播间并关注，而经典畅销品则能提供长期、稳定的销售保障。例如，在化妆品的直播中，主播可以先介绍新上市的口红吸引观众注意，同时推荐长期畅销的粉底液来满足观众的购买需求。

2. 提供定制化与个性化产品

（1）定制化产品

主播可以通过提供定制化产品，增加产品的独特性和吸引力。例如，提供定制化的礼盒、个性化的化妆品或家居产品，以吸引喜欢独特产品的观众。

（2）个性化推荐

主播可以根据直播间核心观众的个人喜好，进行个性化的产品推荐。例如，利用观众的购买历史或互动数据，来推荐符合其个人喜好的产品。比如，某主播发现自己直播间的观众更加偏好购买零食，就可以在后续的直播中，增加零食品类的比例。

3．设置限时优惠和组合销售

（1）限时优惠

主播可以通过设置限时优惠活动来刺激观众的购买欲望。例如，提供直播专享折扣、限时秒杀、下架倒计时等优惠方式，增强观众的紧迫感，从而提高购买转化率。

（2）组合销售

将相关产品进行组合销售，可以显著提升整体销售额。例如，在直播中推出护肤品组合装（如洁面乳＋爽肤水＋面霜＋眼霜），并以比单品购买更优惠的价格出售，从而吸引观众购买。

4．开展合作

（1）品牌合作

许多知名主播喜欢与知名品牌携手，共同推出独家或特别版产品。例如，与某化妆品牌合作推出限量版化妆品，可以吸引该品牌的粉丝关注。

（2）KOL 与明星联名

许多直播间愿意邀请 KOL（关键意见领袖）或明星参与产品推广，借助他们的影响力提升产品的知名度。例如，将某明星代言的护肤品在直播中推广，可以利用明星的粉丝效应提升销量。

5．举办季节性与节日促销活动

（1）季节性产品

主播可以根据季节变化选择相关的产品进行推广。例如，在夏季，重点推广防晒产品和清爽护肤品；而在冬季，则推广滋润护肤品和保暖家居用品。

（2）节日促销

利用节日或特殊日期开展促销活动，是许多电商直播平台的重要策略。例如，在春节期间推出节日礼盒，或在"双十一"期间进行大规模的促销活动，可以激发观众的购买兴趣。

在直播间里，正确选择畅销产品和积极实施多元化商品策略，是提高电商直播成功率的关键。通过数据分析、市场调研以及深入了解观众需求，主播可以精准选择畅销产品。同时，主播们还可以结合多样化产品品类、提供定制化和个性化产品、设置限时优惠和组合销售、开展合作以及举办季节性与节日促销活动等策略，有效提升直播间的吸引力和销售效果。

3.2　爆款打造秘诀：直播间的商品排列有技巧

电商直播间的商品排列不仅影响观众的购物体验，还直接影响销售效果。以下是一些关于商品排列的技巧，希望初学者能通过优化商品展示提升直播效果。

一、了解并运用观众心理与行为

1．了解观众的购物心理

了解观众的心理和行为习惯是商品排列的基础。在直播过程中，观众往往会被主推的产品吸引，因此，商品的排列应围绕观众的兴趣和购买习惯进行优化。例如，对于年轻观众，可以将时尚潮流的产品摆放在显眼位置；而对于注重实用性的观众，则可以优先展示性价比高的商品。

2．行为驱动的商品布局策略

通过分析观众的浏览行为和购买数据，主播可以识别出最受欢迎的产品，并将其优先展示。例如，如果数据分析显示某类护肤品的购买率较高，主播则可以将这类产品置于直播间的显眼位置，以吸引更多观众的关注和购买。

二、商品排列的原则

1．视觉引导

运用视觉引导技巧，使商品排列更加具有吸引力和逻辑性。主播可以将主打商品放置在直播间的中心位置或自己的主视角范围内，以吸引观众的注意力。可以采用以下布局方式。

（1）中央展示

将主推产品放在屏幕中央或主播的主要展示区域。

（2）分层展示

根据产品类别进行分层展示，如将高价位和热销产品放在最显眼的位置。

2．有序排列

直播间内商品的排列应有序，以便观众能够轻松找到他们感兴趣的产品。可以按照以下方式进行排列。

（1）按类别排列

将相似的产品分组放置，如将护肤品、彩妆品等分为不同的组，并在每组内按功能或价格进行排列。

（2）按使用场景排列

将适合日常使用的产品放在前面，将适合特殊场合的产品放在后面，以增加日常使用产品的曝光。

三、商品展示技巧

1．重点突出

运用重点突出技巧可以有效提升产品的吸引力，如在直播中使用灯光、背景音乐或特效来强调主打产品的特点。举例来说，推广一款美食时，可以在直播中多使用暖色灯光，使食物的色泽更加诱人，以吸引观众的关注。

2．动态展示

利用动态展示技巧可以增加直播的互动性和趣味性，如主播可以在展示产品时进行试用或演示，增强使用产品的实际感受。例如，在推广化妆品时，许多主播都会在模特脸上进行实际的化妆示范，通过只示范半边脸的方式，形成鲜明的对比，从而展示产品的效果。

3．结合直播节奏

根据直播的节奏来安排商品展示的顺序。例如，在直播开始时，可以先展示一些热销产品，以引起观众的兴趣；随后，再逐步介绍其他产品；最后，在直播结束前，可以推出限时优惠活动，以刺激观众的购买欲望。

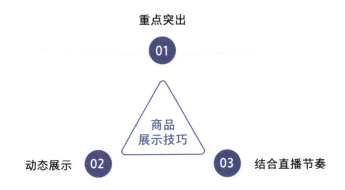

四、商品组合与搭配策略

1．组合销售

通过将相关产品进行组合销售来提高整体销售额。例如，可以将洗面奶、爽肤水和面霜组合成护肤套装，并提供比单品购买更优惠的价格，吸引观众购买。

2．产品搭配

在直播过程中，主播还可以运用产品搭配来提升销量。例如，在介绍一款新款衣服时，可以通过搭配、推荐相关的配饰，如鞋子、包包等，打造出整体穿搭效果。这样不仅能够提升产品的吸引力，还能帮助那些不擅长穿搭的观众解决穿搭难题，进而提高他们的购买意愿。

五、商品排列的时间策略

1．热点产品优先

在直播的不同阶段，应根据产品的热点程度进行灵活调整排列。例如，在直播开始时，可以展示一些新上市或热销的产品，以吸引观众的注意力；而在直播后期，则可以展示一些价格较低的产品，以促进观众的最终购买决策。

2．限时优惠促销

限时优惠活动，可以有效激发观众的购买欲望。例如，在直播中设置限时折扣或秒杀环节，营造出一种"没买到就亏大了"的紧迫感觉，从而吸引观众迅速下单购买。

六、视觉优化与增强互动

1．视觉效果优化

通过视觉优化手段，可以显著提高商品的吸引力。例如，使用高清晰度的产品图片、设计精美的产品包装以及设置具有吸引力的主题背景等。

2．互动环节设置

合理设置互动环节，也可以提升商品的曝光率。例如，可以设置互动游戏或问答环节，奖励观众直播间主推的品牌小礼品，并将相关产品展示在直播间。这样的互动环节不仅能增加观众的参与感，还能提升产品的曝光率和销售量。目前，"购买后抽免单"已成为直播间里主播们广泛采用的促销互动策略之一。

七、实时调整与收集观众反馈

1．实时调整

在直播间里，可以根据观众的实时反馈和互动情况，灵活调整商品的排列。如果观众对某个产品表现出浓厚的兴趣，主播可以延长该产品的展示时间或增加展示的次数。

2．收集观众反馈

在直播过程中，主播应积极收集观众的反馈意见。通过仔细分析这些反馈结果，主播可以了解观众的真实需求和喜好，并据此优化商品的排列，以便在后续的直播中进行对应调整，使其更符合观众的需求和喜好。

3．案例分析

（1）成功案例

以某知名电商直播间为例，该直播间采用了分层展示的商品排列策略，将热销产品和新款产品放在显眼的位置，并通过动态展示和互动环节活动，提高了观众的参与度和购买转化率。

（2）失败案例

某直播间因商品排列混乱、缺乏清晰的层次和逻辑，导致观众难以找到感兴趣的商品，影响了观众的购物体验和购买转化率。通过分析，该直播间在后续进行了优化，将产品按类别和价格进行清晰排列，并增加了互动环节，从而提高了直播效果。

综上所述，电商直播间的商品排列技巧涉及多个方面。在实际操作中，主播需要不断学习和探索，不断优化商品排列策略，以适应市场变化，实现最佳的直播效果。

3.3　直播间销售艺术：提升商品吸引力的搭配技巧

提升直播间商品吸引力的搭配技巧，是电商直播取得成功的关键因素之一。巧妙的商品搭配和展示方法，不仅能吸引观众的注意力，还能有效提高销售转化率。以下是一些提升直播间商品吸引力的详细搭配技巧，可帮助初学者理解和运用这些技巧。

一、了解目标观众与市场需求

1．确定目标观众

了解目标观众的兴趣、需求和购买习惯是搭配技巧的基础。例如，年轻女性观众可能更关注时尚潮流，而中年消费者则可能更注重商品的实用性。因此，主播应根据观众的需求来选择和搭配商品，以便更有效地吸引目标观众的关注。

2．分析市场趋势

关注市场趋势和热门商品，结合当前的流行趋势进行商品搭配。例如，如果当前流行的趋势是"可持续时尚"，那么主播就可以在直播中重点展示由环保材料制成的衣物，并进行相关的搭配展示。

二、遵循商品搭配原则

1．相关性搭配

将具有高相关性的商品进行搭配，如将一款衬衫与相匹配的裤子、鞋子进行组合展示。这种搭配方式有助于观众看到整体效果，甚至可能激发他们整套购买的欲望。

2．视觉统一

确保所搭配的商品在颜色、风格和主题上保持高度一致。例如，在推广一种系列运动装备时，可以选择相同色系的运动鞋、运动服和运动配件进行统一展示，以营造视觉上的和谐统一感。

三、实施产品组合与套餐策略

1．组合销售

将多个相关产品打包成组合进行销售，如将面膜、爽肤水和乳液组合成护肤套装，并提供优惠的价格。这种策略不仅能有效提升销量，还能显著提高客单价。

2．套餐设计

设计具有吸引力的套餐，如"旅行必备套餐""办公室必备套装"等，以满足不同场景下的消费者需求。这种搭配策略有助于观众更清晰地了解产品的使用场景，并提高他们的购买意愿。

四、采取互动式搭配展示方式

1．主播示范

主播在直播中亲自进行搭配示范，如穿上推荐的衣物，使用化妆品进行实际妆容演示等。这种展示方式，不仅能让观众看到产品的实际效果，还能增加直播的互动性和趣味性，使得整场直播内容更加丰富有料。

2．观众参与

在直播过程中，可以设置互动环节，积极邀请观众参与商品搭配的讨论。例如，可以询问观众对某款衣物的搭配建议，并根据观众的建议进行调整。这种互动方式不仅能提升观众的参与感，还能进一步激发观众对产品的兴趣，从而提高观众下单购买的可能性。

五、营造场景化体验情境

1. 场景布置

在直播间内，布置与产品相关的场景。例如，将化妆品放置在化妆桌上，将厨房用品放置在模拟的厨房环境中。通过这种场景化的展示，观众可以更好地理解产品的使用方式和效果。

2. 场景模拟

在直播中，模拟产品的使用场景。例如，模拟一天的护肤流程，展示护肤品的使用效果。这种模拟方式，不仅能增强产品的真实感和可信度，还能帮助观众更好地了解产品的优势和效果。

六、运用视觉效果

1. 高清展示

采用高清摄像设备和专业的照明设备，确保直播中的商品展示清晰、细致，能够展现商品的细节与独特之处。这一点尤其适用于需要凸显细节和质感的商品类别，如珠宝首饰和高档服装等。

2. 特效与动态呈现

运用特效和动态展示技巧，以提升直播的视觉吸引力。例如，在直播过程中，使用转场效果来展示不同的商品搭配，或使用动效来突出重点产品的特征。

七、应用跨品类搭配方式

1. 相关品类搭配

主播可以尝试将不同品类的产品进行跨品类搭配。例如，将时尚服饰与饰品进行组合展示，通过呈现整体搭配效果，激发观众一次性购买多个品类商品的欲望。

2. 创新组合

勇于尝试创新的跨品类搭配。例如，将运动装备与生活用品进行组合，展示其多功能性；将瑜伽垫与运动饮料、健康零食等进行搭配，打造"健康生活的全方位解决方案"。

八、举办限时促销与独家优惠活动

1. 限时促销

在直播过程中，设置限时优惠活动，以营造商品的紧迫感。例如，主播可以在直播中宣布某款商品仅在直播结束前的特定时间段内享受额外折扣，以刺激观众的购买欲望。

2. 独家优惠

提供主播专属的优惠券或折扣码，并反复强调这些优惠"仅在直播期间内有效"，直播结束后商品将立马恢复原价。这种方式可以有效激励观众迅速做出购买决策。

九、适应平台和数据驱动策略

1. 针对不同直播平台

主播应根据不同直播平台的特点，灵活调整商品的搭配策略。例如，某些社交电商平台的用户可能更注重时尚和潮流，而其他平台的用户则可能更关注产品的实用性和性价比。因此，主播可以根据平台的受众特征调整商品搭配，以提升销售效果。

2．数据驱动

主播应学会运用数据分析工具，监测商品的销售情况和观众的反馈意见，然后根据数据结果优化商品搭配策略。例如，通过分析某类产品的销售数据，主播可以发现哪些商品组合更受观众欢迎，并在后续的直播中加大这些商品的展示力度。

3．案例分析

（1）成功案例

某知名电商平台的化妆品直播间，通过精准的商品搭配和生动的场景化展示，取得了显著的成功。主播巧妙地将化妆品按照肤质和妆容类型进行搭配，并在直播中亲自演示了各种妆容的打造过程，吸引了很多观众的关注，并获得了认可。这种展示方式，不仅能让观众看到产品的实际效果，学到专业的美妆知识和技巧，获得专业的使用建议，还能提升商品的购买转化率，增强观众对直播间的信任。

（2）失败案例

某直播间在销售厨房用品时，由于商品的搭配不够合理，导致观众对产品的整体效果缺乏清晰的认识。具体来说，主播将不相关的厨房器具随意排列，缺乏场景化展示和实际的使用演示。这样的展示使得观众对产品的实用性产生怀疑，进而影响了销售效果。

3.4 特价与赠品策略：
提升销售量与顾客满意度的窍门

在电商直播间内，特价与赠品策略是提升销售量和顾客满意度的重要手段。精心设计的特价促销和赠品活动，不仅能够吸引观众的注意力，激发他们的购买欲望，还能进一步提升顾客的忠诚度和满意度！

一、制定特价策略

1. 定期和不定期特价活动

（1）定期特价活动

定期特价活动有助于培养顾客的购买习惯，使他们对特价商品的发布充满期待。例如，某电商平台坚持每周五举办"品牌特卖日"，每周都推出不同品牌的折扣商品。通过这种定期的促销活动，顾客养成了每周五浏览特卖商品的习惯，从而显著提升了销售量。

（2）不定期特价活动

不定期特价活动则可以抓住特殊时机，如"双十一"等节日的大型促销活动，以及新品上线或库存清仓时的临时促销。以"双十一"购物节为例，某直播间推出了"全场5折"的特惠，并结合限时抢购和倒计时活动，成功吸引了大量观众参与，从而大幅提高了销售额和直播观看人数。

2. 限时折扣与闪购

（1）限时折扣

限时折扣能够营造出紧迫感，促使顾客快速下单。例如，某直播间在活动期间特别设置了15分钟的"秒杀环节"，特定商品的价格降至原价的一半，引发了直播间观众的大量抢购。

（2）闪购

闪购是一种突发性的特价商品促销活动，其时间非常有限，通常只有几分钟。这种活动形式多用于新品推广或库存清理。例如，某家电直播间曾推出闪购活动，在限定的 5 分钟内，特价销售一款热门电器产品。由于时间有限，许多观众为了抢购到这款特价商品而迅速下单，从而显著提升了销售量。

3．增值折扣

（1）满减优惠

某化妆品直播间推出了"满 300 元减 50 元"的优惠活动。通过设置合理的满减门槛，该活动有效地鼓励了顾客增加购买量以享受折扣优惠，进而提升了平均订单的价值。

（2）折扣券

发放折扣券是另一种刺激顾客在直播间购物的有效手段。折扣券可以是固定金额的优惠券，也可以按比例折扣的优惠券。例如，某时尚服饰直播间曾向所有观看直播的顾客发放了"50 元无门槛优惠券"，这一举措成功地促使顾客在直播结束后回到电商平台进行购买，进一步提升了销售额。

二、设计赠品策略

1．购买即享赠品

（1）单品搭配赠品

为单个产品设置赠品，以增加产品的附加价值。例如，购买某款护肤品可以赠送小分量试用装。赠品与主商品应相关，以强化产品的整体吸引力。以某护肤品品牌为例，该品牌在直播期间推出了"买一送一"的优惠活动：购买一款面膜即可获赠一款试用装的眼霜。此策略不仅促进了主商品的销售，还有效提升了附加产品的市场曝光率。

（2）满额即赠

设定满额赠品活动，以鼓励顾客增加购买量。例如，某家居用品直播间推出了"购物满 500 元赠送厨房小工具套装"的优惠。顾客为了达到赠品门槛，可能会选择购买更多的商品，从而有效提升整体销售量。

2．限量与首购赠品

（1）限量赠品

推出限量赠品活动，以激发顾客的抢购热情。例如，某时尚直播间推出了"限量100份赠品"活动，购买特定商品的前100名顾客将获得独家定制的手袋。这种限量设置极大地提升了顾客的购买积极性。

（2）首购赠品

为了吸引新顾客并提升他们的满意度与忠诚度，主播可以为首次购买的顾客提供特别赠品。例如，某化妆品直播间为首次购买的顾客赠送小样套装。这种策略不仅有助于吸引新顾客，还能通过赠品提升顾客的整体购物体验。

3．互动赠品

（1）直播中的互动赠品

例如，某直播间在直播过程中设置了"直播互动游戏"环节，观众只需回答问题或参与游戏，便有机会获得赠品。这种互动方式不仅提升了观众的参与热情，还提高了顾客对品牌的好感度。

（2）社交媒体分享赢赠品

某电商直播间推出了"分享有礼"活动，顾客只需在社交媒体上分享直播链接，并将截图发送给商家，即可享受额外的折扣或获得赠品。这种方式有效地扩大了活动的宣传范围并吸引了更多观众参与。

三、优化特价与赠品策略的实施

1．数据驱动决策

（1）分析数据

某品牌通过分析过去几次促销活动的数据，发现限时折扣对某类商品的销售推动效果最佳。因此，在后续的促销活动中，他们增加了限时折扣的力度，从而取得了更好的销售成果。

(2) 进行 A / B 测试

某电商平台在两个不同的直播间分别测试了"满减优惠"和"折扣券"两种策略。通过对比两种策略下的销售数据和顾客满意度，他们最终确定了更适合自己平台的促销方式。

2. 灵活调整策略

(1) 实时监控活动效果

某直播间在特价活动开始后，发现某些商品的反响未达预期。于是，他们迅速调整了促销策略，加大了对这些商品的展示和宣传力度，最终成功提升了销售效果。

(2) 根据反馈进行调整

某直播间收到顾客对赠品质量的负面反馈后，迅速调整了赠品的供应商，并在直播中解释了调整的原因，从而改善了顾客的满意度。

3. 案例分析

(1) 成功案例

某知名化妆品品牌在直播期间，推出了"限时半价"和"买一送一"赠品活动，并通过设置倒计时折扣和限量赠品等营销手段，成功吸引了大量观众的参与。活动结束后的数据显示，此次直播期间的销售额比平时提升了300%，同时顾客满意度也显著提高。

(2) 失败案例

某家电品牌在直播中推出了"满1000元减200元"的优惠活动，然而由于活动宣传不足、商品展示不充分，导致顾客对优惠活动的整体认知不足，销售提升效果欠佳。通过深入的数据分析，他们发现缺乏明确的宣传和互动环节是此次活动失败的主要原因。

3.5　收入增长的秘诀：合理优化供应链以提高利润

在直播业务中，选择合适的供应商、确立合作模式以及优化供应链是确保业务成功的关键因素。作为一名电商从业者，如何正确选择供货商并高效管理供应链，是必须面对并妥善解决的关键问题。

一、供应商选择策略

1. 初始阶段：探索与尝试

在直播业务的初期阶段，选择供应商的主要目标是探索市场并测试产品。由于此时主播的资源和经验相对有限，因此需要采取灵活且谨慎的供应商选择策略。

假设一位新兴的美妆主播刚刚起步，她决定从几家供应商那里获取样品，以确定哪些产品最适合她的观众群体。她从供应商 A 处获取了 10 款基础化妆品样品，从供应商 B 处则获取了 10 款特色产品（如有机或高端化妆品），以供测试。

（1）产品试用与评价

通过小批量采购或试用产品，主播可以实际检验产品的质量和供应商的服务。

（2）签订短期合同

与供应商签订短期合同（如 3 个月），可以降低初期的投资风险，并允许主播根据市场反馈灵活调整供应商选择。

2．成长阶段：优化与稳固

随着业务的逐步增长，主播需要依靠稳定的供应链和高质量的产品来保持观众的满意度，并确保销售额的持续增长。

例如，上面那位美妆主播在数月的试用后，发现供应商 B 提供的有机化妆品深受观众喜爱，且销量显著高于其他产品。

（1）数据驱动选择

主播应利用销售数据、用户评价以及退货率等指标，来评估供应商的表现。在此基础上，优先选择那些能够提供高质量产品和优质服务的供应商。

（2）签订长期合同

主播可以与供应商 B 签订长期合同，以确保获得稳定的产品供应，并争取更好的合作条款。

3．成熟阶段：拓展与创新

如果此位美妆主播的直播间已经拥有稳定的观众群体，她决定进一步拓展产品线，增加一系列高端护肤品。可以选择与一个专注于奢侈护肤品牌的供应商 C 进行合作。此外，还可推出独家合作款式，以吸引更多观众和潜在客户。

二、多样化的合作模式

1．佣金模式

佣金模式是最普遍的合作方式，主播根据销售额的百分比来获得佣金。这种模式简洁明了，适用于大多数产品和供应商。

例如，某服装主播与供应商 D 签订了佣金合同，规定每销售一件衣服，主播可获得 20% 的佣金。假设此主播在一个月内销售了 1000 件衣服，那么她的佣金收入就是 1000 件衣服总销售额的 20%。当然，佣金合作也有不同的形式。

（1）基础佣金制

适用于产品种类较多、销售额相对稳定的情况。

（2）阶梯佣金制

根据销售量来设定不同的佣金比例。例如，当销售额超过 10000 元时，佣金比例会从 20% 提升到 25%。这种机制能够有效激励主播努力提高销售业绩。

2．直供模式

直供模式指的是产品由供应商直接发货给客户，主播无须承担库存管理的责任。这种模式特别适合那些希望降低库存成本和风险的主播。

例如，某科技产品主播与供应商 E 达成了直供合作协议。每当有新的订单产生时，供应商 E 都会直接将产品送到客户手中，主播只需负责推广和销售，无须担忧库存问题。

3．预售模式

某位健身主播计划推出一款新的健身器材，她决定采用预售的方式。在预售期间，消费者可以提前下单购买该产品，而预计的发货时间则安排在一个月后。这种模式使得主播能够提前回笼资金，并有效评估产品的市场需求。

三、优质供应链的选择

1．筛选供应商

对于电商主播来说，选择优质的供应商是优化供应链的关键环节。以主播小张为例，她在选品广场寻找合适的供应商时，重点关注了以下几个方面。

（1）品牌信誉度

小张更倾向于与那些在行业内享有良好声誉和获得客户高度评价的供应商合作。她通过行业论坛和在线评价，来了解供应商的品牌信誉度。

（2）样品测试效果

小张会要求供应商提供产品样品，以便通过实测数据来评估产品的质量，从而做出选择。在测试过程中，她发现供应商 F 的样品质量上乘，且产品符合她直播的标准和要求。

2．谈判与达成协议

例如，主播小李与供应商 G 进行谈判，成功争取到了较高的佣金比例

（15%），同时明确了产品的退换货政策，并与供应商就交货时间和质量标准达成了明确的协议。

3. 运用技术平台

利用供应链管理工具和数据分析工具，可以显著提高供应链的效率和管理水平。例如，主播小王使用了供应链管理平台（如 SAP）来实时跟踪订单状态、库存情况和物流进展。

通过精心选择合适的合作模式，如佣金模式、直供模式或预售模式，在选品广场中严格筛选优质供应商，明确谈判并达成合同条款，以及充分利用技术平台和数据分析工具，能够帮助主播们有效提升销售业绩、降低经营风险、提高供应链效率，从而实现业务的持续稳定增长。

第四章

直播三要素之场景篇

4.1 直播间大检阅：
常见直播场景类型及其特点和应用示例

直播行业已成为现代商业和娱乐生态中不可或缺的一部分。直播环境主要分为真实场景和虚拟场景两大类，每种类型都有其独特之处和应用范围。

一、真实场景直播

在直播时，主播选择在真实场景中进行。它要求主播考虑所有的细节，从装饰到灯光，确保一切都尽善尽美。精心设计的现场环境，往往能够为观众带来高度专业的直播体验，常见于电商平台、品牌活动以及户外等直播活动。

1. 定制化实景

（1）特点

定制化实景是为直播专门打造的舞台。主播可以根据品牌的需求来设计空间，确保从背景到光线都能与品牌形象完美契合，通过精确控制环境，确保观众获得绝佳的视听体验。

（2）应用示例

电商直播：许多知名电商平台为了提升直播的吸引力，投入巨资打造了豪华的直播场景。这些直播场景内部装修考究，设有多个展示区，每个区域都做了精心设计以突出产品的细节和特色。例如，家电产品的展示区可以模拟实际使用环境，使观众能够更直观地感受产品的效果。

品牌发布会直播：国际化妆品品牌在直播间运用了精心设计的布景和照明，为新产品发布营造了完美的视觉和听觉体验。设想一下，整个直播间被布置成一个充满梦幻色彩的化妆品世界，五彩斑斓的背景和柔和的灯光使每一款新品都显得光彩夺目。

2. 实体店

（1）特点

主播将直播选在实体店铺里进行。它能够向观众展示商品的真实状态和使用环境，不仅能够增强观众的购买信心，提高他们对主播专业性的信任度，还能实现与店里顾客的实时互动。

（2）应用示例

零售商直播：例如，大型家具品牌在店内进行直播，详细展示了各种家具的实际摆放和使用功能。这不仅能让潜在买家直观地看到家具的效果，还能通过实时解答观众的问题来提高他们购买的意愿。

餐饮直播：例如，一家知名餐厅通过直播向观众展示厨房的操作过程和菜品的制作过程。这样的直播不仅增加了顾客的信任感，还激发了他们对餐厅的兴趣和认可，尤其是那些喜欢观看厨师现场烹饪的观众。

3. 仓库

（1）特点

主播将直播选在仓库进行。其主要用于展示产品的库存状态或进行促销活动。在这样的环境中，商家可以向观众展示产品的质量和库存量，同时营造购物的紧迫感。

（2）应用示例

电商仓库直播：某电商平台利用仓库直播，向顾客展示了实时的库存情况，这不仅增强了观众对产品的信任，还有效地激发了他们购买的欲望。

品牌清仓活动直播：某品牌借助仓库直播，向顾客展示了清仓的大量商品，并实时更新库存和优惠信息，这种直播方式吸引了众多顾客参与，带来了丰厚的销售额。

4. 户外

（1）特点

主播将直播选在户外进行。主播可以展示自然风光、街头活动、农产品销售等，为观众提供生动的现场感受和广阔的视觉空间，使观众仿佛身临其境。

（2）应用示例

旅游直播：旅游机构通过直播展示热门景点的风光和活动，使观众能够"实时"地体验到世界各地的美景。这种直播方式不仅吸引了旅游爱好者，还极大地激发了他们旅行的兴趣。

美食直播：美食博主在市场或街头进行直播，展示当地特色美食的制作过程和品尝体验。这不仅让观众看得口水直流，还能显著提升他们的购买意愿。

二、虚拟场景直播

主播利用科技手段，如绿幕技术、虚拟现实（VR）和增强现实（AR），打造出充满创意和互动性的"魔法世界"，给观众带来多样化的情景体验。

1. 运用绿幕技术打造的场景

（1）特点

运用绿幕技术，能使主播像置身于电影特效一般，融入各种虚拟场景中。这不仅减少了场景搭建的成本，还提升了视觉效果的多样性。

（2）应用示例

电竞直播：一些大型的电竞赛事常采用虚拟游戏场景进行直播，这样的方式不仅提升了观众的沉浸感，还增强了互动性，使观众感觉自己仿佛真的置身于游戏的世界中，享受到了非常酷炫的视觉体验。

在线教育直播：如今，许多教师利用绿幕技术来展示互动图表和教学内容，使得课程内容更加直观和吸引人。例如，数学老师可以在绿幕前演示复杂的几何图形，帮助学生更容易地理解数学概念。

2. 运用虚拟现实（VR）技术打造的场景

（1）特点

运用 VR 技术，能够构建全沉浸式的虚拟环境，为观众提供独特的体验。它特别适合用于展示旅游和大型活动，但这需要较高的软硬件支持。

（2）应用示例

虚拟旅游主播：利用 VR 技术，观众可以"亲临"世界各地的名胜古迹，体验不同的文化和风土人情。例如，主播可以在家汇总使用 VR 设备，带领直播间的观众"参观"巴黎的埃菲尔铁塔或"欣赏"日本的樱花盛景。

虚拟演唱会直播：借助 VR 技术，音乐会可以让粉丝在虚拟环境中近距离观看偶像的表演。这样不仅增强了粉丝的参与感，还提供了一种全新的观演体验，让观众感觉仿佛自己就在音乐会的前排。

3．运用增强现实（AR）技术打造的场景

（1）特点

AR 技术可以将虚拟内容叠加到现实世界中，增强直播的互动性和信息的丰富度。虽然目前 AR 在直播中的应用尚不广泛，但其未来的发展潜力巨大。

（2）应用示例

产品展示直播：在直播中运用 AR 技术展示产品的三维模型和功能，可以提高产品的吸引力和观众对产品的理解度。例如，家居品牌可以通过 AR 技术展示家具在用户实际家中的摆放效果，帮助顾客更容易做出购买决策。

教育培训直播：教育机构可以利用 AR 技术直播复杂的科学实验、重现历史事件等，使学生能够更直观地理解复杂的概念或事件。例如，运用 AR 技术重现古代战争场景，可以让学生真切地感受到历史的厚重。

总的来说，真实场景和虚拟场景各有千秋，选择合适的直播场景对于提升直播效果至关重要。不同的行业可以根据自己的需求灵活选择，以成功吸引并扩大观众群体。

4.2 直播形式比拼：各类直播场景优劣势分析

在上一节中，我们介绍了直播的不同场景类型及其特点和应用示例。接下来，我们将一起探讨真实场景直播（即实景直播）及虚拟场景直播（即虚拟直播）等不同场景直播的优劣势，以帮助初学者选择最适合自己的直播方式。

一、实景直播

1. 定制化场景直播

(1) 优势

环境高度可控：专门搭建的实景直播间经过精心设计，能够提供理想的拍摄条件，如光线、背景和声音控制等，确保直播质量稳定，并呈现出高标准的视觉和听觉效果。

专业设备配置：这类直播间通常配备了高端的摄影设备、音响和照明设备，能够提供更高质量的图像和声音，极大地提升观众的观看体验。

品牌一致性：可以根据品牌需求定制背景和装饰，有助于提升品牌形象和保持整体一致性，对于品牌营销和内容创作具有重要意义，尤其适合那些有预算的项目。

灵活的内容创作空间：可根据不同的节目需求调整布景，为创作者提供更多的创作角度，这对于需要定期更新内容的频道来说尤为重要。

（2）劣势

高成本：建立和维护专门的实景直播间需要较大的投资，包括设备购置、场地租赁、装修和人员费用等。对于预算有限的个人或小型团队而言，这可能会产生一定的经济压力。

环境固定：尽管环境可以定制，但其固定性可能会在一定程度上限制内容创作的灵活性。对于需要多样化背景和场景的节目来说，这种设置可能显得不够灵活。

维护和管理复杂：专业的实景直播间需要定期进行设备维护和环境管理，以确保其始终处于最佳状态。这将增加主播或团队的管理成本和工作量。

技术更新成本：如果技术更新迅速，主播可能需要不断升级设备和软件，以保持其直播技术的先进性，这可能导致额外的开支。

2. 实体店直播

（1）优势

强烈的现场感和真实感：在实体店进行直播能够为观众提供真实的购物体验和现场氛围。观众可以直接观察到产品的实际陈列和使用情况，这有助于增强他们的信任感并提升购买意愿。

高度的互动性：在直播过程中，主播可以实时与顾客互动，及时解答问题并展示产品使用效果，从而增加顾客的参与感和满意度。

有效的品牌曝光：对于品牌实体店而言，直播可以作为品牌实际存在的有力证明，有助于直接提升品牌的曝光率，增强顾客对品牌的信任感。

便利的现场促销：主播可以在直播过程中进行现场促销和特别活动，有效激发观众的购买欲望。

（2）劣势

环境控制较难：与专门的直播间相比，实体店的环境通常难以精确控制光线和声音，这可能会对直播的画质和音质产生一定影响。

存在干扰因素：当店内顾客较多时，喧哗声、背景噪声以及其他商铺的活动可能会干扰直播内容，影响观众的观看体验。

网络信号不稳定：实体店的网络环境可能不如专门的直播间稳定。如果没有专门的网络专线支持，直播的流畅度和画质可能会受到影响。

成本增加及管理复杂：在店铺运营和直播之间进行资源分配，可能会增加运营成本以及店铺管理的复杂性，这需要精心平衡和规划。

3．仓库直播

（1）优势

成本较低：使用仓库进行直播的成本通常低于专门搭建的直播间，因为它不需要大量的装修和设备投资。

空间大：仓库的空间较大，非常适合展示大量的商品或进行大规模的产品演示。

灵活性：可以根据需要灵活安排内容，适合举办各种规模或类型的产品展示和销售活动。

（2）劣势

环境控制难度大：仓库通常缺乏专业的照明和声音控制设备，这可能会对直播的画质和音质造成不利影响。另外，多数仓库没有空调，夏天热，冬天冷。

视觉效果不佳：仓库主要用于货物存储，其环境可能显得单调或杂乱无章，这不利于营造吸引观众的直播氛围。

设备与物流需协调：需提前协调好仓库内的设备安排和物流问题，以确保直播过程中不受大幅动作影响。

存在安全隐患：仓库可能潜藏一些安全隐患，需采取额外的安全管理措施，以确保直播期间的安全。

4．户外直播

（1）优势

真实感和新鲜感并存：户外直播能够带来真实的视觉体验与新鲜感，能展现不同的地理环境和实景，增强观众的沉浸感，尤其在农产品溯源方面。

互动性强：主播能与观众实时互动，现场直播活动实况，尤其是农产品的展示和采摘环节，能极大提升观众的参与感。

品牌曝光率高：户外直播通常在公众场所进行，这有助于提高品牌的知名度和影响力。

（2）劣势

天气因素干扰：恶劣天气，如雨天、大风等，可能会干扰直播的进行。

网络信号不稳定：户外环境的网络信号可能会不稳定，影响直播的质量和流畅度。

环境噪声干扰：户外的环境噪声，如汽车声、人声、广播声等，可能会干扰直播内容，使观众的观看体验不佳。

安全问题需关注：户外直播需考虑环境的安全性，以防直播过程中出现意外或干扰。

二、虚拟直播

1. 绿幕技术直播

（1）优势

背景可自定义：绿幕技术能将直播背景替换为任意虚拟场景或图像，呈现出丰富多变的视觉效果，满足各种创意需求。

环境不受限：直播可在任意地点进行，不受实际环境限制，只需确保绿幕的布置与设备配置即可。

节省空间成本：绿幕直播无须实际的直播环境，这可以节省很大一部分场地和布景的成本。

专业视觉效果：如果技术运用得当，能营造出非常专业和引人入胜的视觉效果，从而提升直播的吸引力，激发观众的兴趣。

（2）劣势

技术要求高：绿幕直播需要专业的软件和设备，技术要求较高，新手可能需要一段时间学习和掌握。

注意光线与色差：绿幕直播对光线和色彩的要求比较高，不当的光线设置可能导致抠图效果不佳，影响直播的视觉效果。

设备投入成本大：进行高质量的绿幕直播需要使用高性能的设备和软件，尤其是拍摄设备和补光设备，这可能导致成本增加。

可能遇到技术问题：如色键不准确、边缘处理不完美等，这些问题会影响直播的效果。

2．VR 技术直播

(1) 优势

沉浸感强：VR 直播能够创造出一个完全虚拟的环境，观众通过头显设备能够感觉自己"身临其境"，享受更为逼真的体验。

互动性高：用户可以在直播间的虚拟空间中自由移动、与环境互动，甚至与其他观众或主播进行实时交流，有效增强参与感和互动性。

独特的内容呈现：VR 可以展示一些现实中难以实现的场景，如虚拟旅行、极限运动等，提高观众的观看兴趣。

(2) 劣势

设备要求高：VR 体验通常需要专用的头显、控制器和高性能计算机，这极大地限制了观众的参与人数。

技术门槛：主播在使用 VR 设备直播时，难免会经常遇到复杂的设置和操作，影响观众的体验。

空间限制：主播需要一个合适的物理空间来打造 VR，方便观众在线上直播间沉浸式体验，空间不够则会影响体验效果。

3．AR 技术直播

(1) 优势

易于访问：观众只需使用智能手机或平板电脑，即可参与 AR 直播，无须额外设备，参与门槛较低。

信息增强：AR 可以在现实环境中叠加虚拟信息，观众能够看到产品的详细信息、使用方法等，并能通过线上体验，增进对内容的理解和互动。

灵活性：AR 内容可以根据观众的环境和需求进行调整，提供个性化的体验。

(2) 劣势

沉浸感有限：虽然 AR 可以增强现实体验，但相较于 VR，沉浸感较弱，可能无法提供足够的代入感。

技术限制：AR 效果受环境光线、空间及设备性能影响，可能在不同条件下表现不一致，影响用户体验。

内容开发难度：创建高质量的 AR 内容需要较高的技术水平和资源投入，操作相对复杂。

VR 适合需要深度沉浸和互动的体验，但受设备和技术限制较大；AR 则更易于访问，适合广泛传播，但沉浸感和互动性相对较弱。选择哪种形式取决于活动的目标和受众特性。

不同的直播方式各有优劣，适用于不同的场景和需求。总的来说，专门搭建的实景直播间能够提供最佳的环境控制与高质量的效果，但成本较高；实体店直播能够带来真实的购物体验和较多的品牌曝光，但环境控制难度大；仓库直播在成本和空间上有优势，但视觉效果可能欠佳；虚拟直播，如绿幕技术，能以高灵活性和令人印象深刻的创意效果赢得优势，但也面临技术难度和成本问题。

新手主播们在选择适合的直播方式时，需综合考虑预算、内容需求、技术能力和观众体验等因素。

4.3 从基础级装备到高级装备：实用派直播技术装备全解析

　　从短视频平台到电商直播，各种形式的直播都在蓬勃发展。对主播而言，选择合适的技术装备，包括摄像、音频、照明设备以及各类配件和软件工具，对于提升直播质量来说至关重要，无论是新手主播还是资深主播。

一、基础级装备

1. 摄像设备

（1）智能手机

　　对于新手主播而言，一部具有优秀摄像功能和较高分辨率的智能手机足以满足基本的直播需求。

（2）网络摄像头

　　如果主播倾向于使用电脑进行直播，那么 Logitech C920、C922 等网络摄像头是不错的选择。这些摄像头价格适中，支持 1080p 高清画质，能够提供清晰的视觉效果，适合桌面直播或需要与观众面对面交流的直播。

2. 音频设备

(1) 内置麦克风

大多数智能手机和电脑配备的内置麦克风对于基础直播来说已经足够。虽然音质可能不如专业设备，但对于新手主播而言，它们已经能够满足基本的语音需求。

(2) USB 麦克风

如果主播希望提升音质，可以考虑使用 USB 麦克风，如 Blue Yeti、Razer Seiren 等热门选择。这些麦克风插入电脑后即可使用，不需要复杂的设置就能显著提升音质，适合各种直播场景。

3. 照明设备

(1) 环形灯

环形灯，如 Neewer Ring Light 18 等，是基础级直播的理想选择。它能够提供均匀的光线，减少面部阴影，使肤色看起来更自然。这种设备被大多数直播平台（如快手、抖音）上的主播广泛使用，以提升直播的视觉效果。

(2) 台灯 / LED 灯

如果预算有限，简单的台灯或 LED 灯也是不错的选择。调整灯光的角度和强度，就可以改善直播环境的光线条件。

4. 配件

(1) 三脚架

在使用手机进行直播时，一个稳定的三脚架是必不可少的。通过调整高度和角度，它可以帮助手机在直播过程中保持稳定，不晃动。

(2) 手机支架

如果主播需要在桌面上进行直播，手机支架能够将手机固定在合适的位置。

5. 软件工具

(1) OBS Studio

OBS Studio 是一款功能全面的工具，支持场景切换、音视频混合等，适用于 Windows、macOS 和 Linux 系统，能够满足大多数初学者的需求。

（2）Streamlabs OBS

对于新手主播来说，Streamlabs OBS 可能更加友好。它提供许多现成的模板和功能，简化了设置过程，特别适合刚开始直播的主播使用。

二、中级装备

1．摄像设备

（1）单反 / 无反相机

随着直播经验的积累，主播可能希望提升画质。单反相机（如 Canon EOS Rebel T7i）或无反相机（如 Sony Alpha a6400）是不错的选择。这些相机提供更高的画质和更多的控制选项。主播只需要使用摄像机接口设备（如 Elgato Cam Link）将其连接到电脑进行直播即可。

（2）高品质网络摄像头

高品质的网络摄像头，如 Logitech Brio 等，支持 4K 分辨率，能显著提升视频画质，适合那些希望在视频直播中提供更高视觉质量的主播。

2．音频设备

（1）XLR 麦克风

中级主播可以考虑使用 XLR 麦克风，如 Shure SM7B 等，这类麦克风提供了卓越的音质，能够更清晰地捕捉声音细节。

（2）麦克风支架和防喷罩

麦克风支架可以调整麦克风的高度和角度，而防喷罩有助于减少口音爆破音和其他干扰声。这两个配件在专业直播间中非常常见。

3．照明设备

（1）软盒灯

软盒灯，如 Neewer Softbox Kit 等，能够提供均匀的光线效果，减少面部阴影、提升画质。这类设备在中级主播直播中非常常见。

（2）可调光灯

可调光灯，如 Elgato Key Light 等，支持无线调节亮度和色温，能够根据不同的直播需求调整光线效果，适合有一定直播经验的主播使用。

4．配件

（1）稳定器

稳定器，如 DJI Osmo Mobile 等，能提供平稳的画面效果，避免抖动，尤其在需要移动拍摄的直播中，能显著提升观众的观看体验。

（2）备用电池和充电设备

备用电池和充电设备是直播过程中的重要配件，它们能确保设备在直播期间始终有充足的电量，以避免直播因电量不足而中断。

5．软件工具

专业直播软件，如 StreamElements 等，提供丰富的自定义功能，包括实时聊天监控和自动化功能等。这些工具能帮助主播更好地管理直播内容和与观众的互动。

三、高级装备

1．摄像设备

（1）4K/8K 摄像机

对于追求极致画质的主播，4K 或 8K 摄像机，如 Sony PXW–Z150 或 Blackmagic URSA Mini Pro 等，是最佳的选择。

（2）多摄像头系统

多摄像头系统能够提供多角度拍摄和切换，这不仅提升了直播的专业性和观赏性，还能在直播中展示不同的视角或进行更复杂的场景设置。

2．音频设备

（1）高级音频接口

对于追求专业级音频的主播，使用 Universal Audio 接口配合 XLR 麦克风可以带来卓越的音质体验。

（2）高级耳机

高级耳机，如 Beyerdynamic DT 770 Pro 等，提供精确的音频监听和舒适的佩戴体验，是高级主播必备的音频设备。

3．照明设备

（1）专业影视灯光

专业影视灯光，如 Aputure Light Storm 系列等，能够提供卓越的照明效果和精确的控制功能，允许根据需要自由调整光线的强度和色温，确保直播画面达到最佳效果。

（2）背景灯光

背景灯光的使用可以为直播环境增添氛围和深度，提升整体视觉效果。它能有效分隔主体与背景，增加视觉层次感。

4．配件

（1）直播控制台

直播控制台，如 Elgato Stream Deck 等，允许用户自定义快捷键和自动化任务，从而提高直播的操作效率。

（2）绿色 / 蓝色背景布

绿色或蓝色背景布适用于虚拟背景技术，利用它们可以创建出专业的虚拟直播环境。无论是直播游戏，还是进行虚拟访谈，这些背景布都能提供更多的创意空间。

5．软件工具

专业的直播和视频制作软件，如 vMix、Wirecast 等，能够处理复杂的直播需求，为主播提供更丰富的功能和灵活的设置选项。

总的来说，直播技术装备的选择应根据个人需求和预算来决定。从基础级的智能手机和简单配件，到中级的单反相机和高品质的麦克风，再到高级的 4K 摄像机和专业的灯光设备，不同的装备组合可以满足直播的不同需求。

对于初学者，建议从基础装备开始，通过不断实践来提升直播技能和观众互动。而对于那些已经具备一定直播经验并希望追求更高品质的主播，投资于高端设备和专业软件将有助于实现更具创意和专业性的直播内容生成。

4.4 万能绿幕搭建：提升直播视觉效果的秘诀

绿幕直播间因其灵活性和视觉效果而成为许多主播的首选。绿幕直播间的呈现效果取决于设备、技术等多个方面。以下是搭建绿幕直播间的详细步骤、提升视觉效果的秘诀，以及常见问题和解决方案。

布 + 设备

软件 + 技术

一、绿幕直播间的搭建步骤

1. 选择绿幕布

（1）材料选择

布料类型：绿幕布通常有布料和涂层两种类型。布料绿幕（如非反光的绿色布）通常效果更好，也易于折叠和储存；而涂层绿幕（如绿色喷漆墙面）则适合长期固定使用。

颜色选择：推荐选择纯绿色或蓝色绿幕，这两种颜色在后期制作中更容易进行抠图处理。

（2）尺寸选择

绿幕的大小应根据直播空间和需求选择，至少要覆盖整个拍摄区域，包括主播的背景。常见尺寸有 1.5 米 ×2 米、3 米 ×3 米等，具体应根据实际场地大小来选择。

2．安装绿幕布

（1）固定方法

挂布：需要使用挂钩、支架或专用的绿幕挂架将布料固定在墙壁或支架上，确保布料平整，避免褶皱。

墙面喷漆：如果选择使用绿色喷漆墙面，应尽量找专业的施工人员进行操作，避免色斑或颜色不均。

（2）位置调整

确保绿幕布距离主播至少1～2米，同时绿幕布应与地面垂直并紧贴背景，确保无皱褶和反射，以免影响后期抠图效果。

3．调整照明

（1）主光源

主光源应直接照射在主播身上，以避免产生阴影。可以使用软盒灯或环形灯作为主光源，确保照明均匀分布。

（2）背景光

应在绿幕后方安装可调光的LED灯作为背景光源，以均匀地照亮绿幕，防止绿幕上出现阴影或色差。

（3）补光

补光灯应放置在低于或接近主播视线的方向，避免产生刺眼的直射光。使用补光灯来填补主播身上的阴影，确保照射在主播身上的光线均匀而自然。

4．调试摄像机

（1）摄像机的位置

直播摄像机应固定在与绿幕平行的位置，确保画面能够完整捕捉整个绿幕背景，同时对准主播。

（2）对焦和曝光

在开播前，确保摄像机的对焦和曝光设置得当。对焦应集中在主播身上，曝光应调整到适中水平，避免绿幕和主播出现过度曝光或曝光不足的情况。

二、提升绿幕直播视觉效果的秘诀

1．维护绿幕布

（1）定期清洁

定期清洗绿幕布，确保其干净且无污渍。

（2）修补皱褶

使用熨斗熨平绿幕上的皱褶，但务必小心控制熨斗温度，避免高温直接接触造成损坏，确保绿幕布平整无褶皱。

2．优化照明设置

（1）使用灯光组合

通过使用软光箱、环形灯和背景灯的组合，可以实现光线在绿幕布上的均匀分布，同时避免产生阴影。

（2）调节光线

避免强光直接照射到绿幕上产生强烈反射。可以使用柔光罩或反光伞来调节光线的强度和方向。

3．提升绿幕视觉效果

（1）选择合适的视频处理软件

OBS Studio：这款软件支持绿幕功能，借助"Chroma Key"效果去除背景，同时调整色度键的参数，从而获得最佳的去背景效果。

vMix：这是一款专业的视频制作软件，提供了更高级的色度调整选项，适合有高需求的直播场景。

（2）优化虚拟背景

自定义背景：在直播软件中设置自定义虚拟背景，使直播画面更具创意和专业性。注意根据直播主题选择合适的虚拟背景。

过渡效果：使用过渡效果可以使主播与背景之间的切换更加自然流畅。注意调整过渡时间和效果，避免产生突兀的切换感。

4．提升画质和细节

（1）分辨率设置

高分辨率：确保摄像机和直播软件支持选择较高的分辨率（如 1080p 或 4K），以提高视频画质并使细节更加清晰。

高比特率：选择合适的比特率以保证视频的流畅度和画质，避免因比特率过低导致画面出现模糊或卡顿。

（2）后期处理

色彩校正：使用视频编辑软件对直播视频进行色彩校正，确保画面色彩真实而自然。

修复细节：在后期处理中修复可能出现的细节问题，如背景漏光、色彩不均等，以提升整体的视觉效果。

三、常见问题及解决方案

1．背景不均匀

（1）**原因**：可能是由于光源不均匀或绿幕布材质问题导致的。

（2）**解决方案**：需要检查并调整灯光设置，确保光线均匀分布。同时，要定期清洗绿幕布、修复皱褶。

2．绿幕边缘出现色晕

（1）**原因**：可能是由于摄像机与绿幕布距离过近或光线反射导致的。

（2）**解决方案**：应加大绿幕布与主播之间的距离，并调整背景光源的位置和亮度，避免光线直接反射到绿幕上。

3．主播与背景融合不自然

（1）**原因**：可能是由于软件设置不当或色度键调整不准确导致的。

（2）**解决方案**：可以在直播软件中调整色度键的参数，如色度范围、边缘柔化等，同时检查并优化摄像机的对焦和曝光设置。

绿幕直播间的搭建涉及多个方面，包括绿幕布的选择、安装、照明设置以及软件工具的使用。每个细节都会直接影响直播效果，因此需要仔细处理。

4.5 营销氛围打造：定制有吸引力的个性直播间

一个有吸引力的个性化直播间不仅能提升观看体验，还能有效促进营销推广。以下是一份帮助主播营造具有吸引力的个性直播间，提升直播间营销氛围的操作手册。

一、确定直播间的定位和风格

1. 确定目标受众

在规划直播间之前，主播首先应明确自己直播的目标受众。例如：

（1）游戏类直播

游戏类直播的受众是游戏玩家、电竞爱好者、社交互动者和潜在玩家等。他们可能喜欢充满科技感和动感的设计风格。

（2）美妆类直播

美妆类直播的受众一般为爱美人士、时尚追求者、购物消费者和美妆行业从业者，其中大多数是女性。这些女性可能更喜欢温馨、柔和的色调和优雅的装饰。

（3）教育培训类直播

教育培训类直播的受众主要包括学生、家长、在职人士和终身学习者等渴望通过学习来提升自己的人群。他们更偏爱专业权威、内容实用且氛围良好的直播间。

2. 设定主题风格

主播应根据目标受众的喜好设定自己直播间的风格主题。常见的风格包括以下几种。

（1）科技未来风

利用 LED 灯光、流线型的家具和科技感十足的装饰来塑造酷炫的科技感和未来感。

（2）复古怀旧风

复古怀旧风格可以通过搭配老式家具、经典海报，营造怀旧色调来实现。

（3）简约现代风

简约现代风格通常采用简洁的设计元素和单色调的装饰，以突出清晰的视觉效果。

二、设计独特的背景和装饰

1. 绿色背景墙（绿幕）

许多主播都喜欢使用绿幕，因为绿幕直播允许通过直播软件添加自定义虚拟背景，根据每次直播的内容或主题更换背景、调整直播信息。

（1）游戏直播

在游戏直播中，使用与游戏相关的背景可以提升视觉体验。例如，主播可以将直播间的背景设置为游戏中的战斗场景，利用绿幕技术，主播可以实现无缝切换，直接在游戏环境中进行互动。

（2）产品评测

在产品评测直播中，设置与产品相关的虚拟背景可以增强直播的主题性，使直播内容更加相关和吸引人。

2. 实体背景设计

如果不使用绿幕，还可以通过装饰墙面来定制直播间的背景。

（1）墙面装饰

背景墙可以使用挂画、壁纸或墙贴来展现直播间的个性和主题。例如，游戏主播可以使用游戏角色的海报来装饰墙面。

（2）背景灯光

许多直播间会使用 LED 灯带或色彩可调的灯具来营造氛围，甚至可以选择动态灯光效果来增加视觉冲击力。

3. 家具和摆件

（1）家具选择

根据直播间的风格，可以选择相应的家具。例如，对于追求简约风格的直播间，可以选择用现代简约设计的桌椅。

（2）摆件装饰

主播可以根据直播的不同主题选择合适的摆件，以增加直播间的个性化和舒适感。

三、优化直播间的灯光和音效

1. 照明设置

（1）主光源

主光源，如环形灯或软光灯，一般放置在主播前方，确保能均匀照亮主播的面部，避免产生阴影。

（2）背景光源

在背景区域使用可调节的 LED 灯作为背景灯光，以实现均匀照明效果，从而将主播与背景区分开，增强画面的立体感和层次感。

（3）补光灯

在主播侧面或前方使用补光灯，以填补面部阴影，提升整体光线的均匀性。

2. 音效处理

（1）麦克风选择

为确保直播中的声音清晰稳定，主播可以选择电容麦克风来捕捉细腻的声音，或选择动圈麦克风以获得更强的音频耐受性和干净的声音表现。

（2）声音处理设备

优化直播音质的一个关键方法就是使用专业的声卡或音频处理器。这些设备可以帮助主播调整音频参数，减少不必要的噪声和回声，使声音更加纯净和专业。

（3）环境噪声管理

为了有效控制背景噪声，主播可以采取一系列措施，如使用吸音材料装饰直播间，减少反射和杂音，或使用噪声抑制软件实时清理环境噪声，确保直播音质的清晰度和稳定性。

四、设计个性化的互动元素

1．直播间标志和品牌元素

（1）品牌标志

设计独特的直播间标志（Logo），并将其放置在显眼的位置，如屏幕角落或背景墙上。

（2）品牌色调

直播间的元素可以选择与品牌一致的色调和字体，并应用于直播间的各种装饰和图形中。

2．互动工具和插件

（1）弹幕和聊天室

在人数比较多的直播间，可以配置管理弹幕和聊天室的工具，以增强主播与观众的互动性，并管理粉丝的聊天内容。定制化的聊天窗口和弹幕样式还能提升观众在直播间的视觉体验。

（2）实时投票和竞猜

主播在设置互动环节时，可以使用实时投票插件来增加互动性和观众的参与感。例如，在直播中进行实时投票，让观众通过投票决定主播接下来的策略或挑战。

五、提升直播间的营销效果

1．营销活动和促销

（1）定期活动

定期举办主题活动，如节日庆典、周年庆等，吸引观众参与。同时，还可以举办"粉丝见面会"或"直播专属抽奖"等活动，增加互动性和趣味性。

(2) 产品推广

在直播间展示和推广产品时，可以与品牌合作进行产品评测或提供直播专属优惠活动。

2. 合作与联动

与其他主播或内容创作者合作，进行联动直播或互相推广。例如，游戏主播可以与其他游戏主播共同开展联动游戏活动。

联动直播

互相推广

设计一个具有吸引力的直播间不仅需要创意，还需要深入了解目标受众。主播需要结合自己的实际需求和风格，逐步调整和完善直播间的各个方面，使自己的直播内容更加专业和具有吸引力，从而提升个人品牌价值和观众黏性。

第五章

巧用五步，确保开播成功

5.1 流程设计：精心规划直播内容

直播内容及流程的规划应在直播前就准备好。以下是一些直播前准备工作的建议，希望对初学者有所帮助。

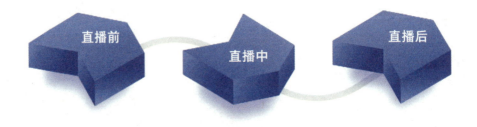

一、明确直播主题和目标

明确主题后，主播可以更好地规划内容和流程。例如，如果决定进行游戏直播，可以选择热度高的游戏作为直播主题。

设定目标也是直播准备的关键，主播可以设定如增加观众互动、提升粉丝数量等具体的直播目标。

二、规划内容和流程

1. 制定内容大纲

以产品评测为例，如果主播想要直播评测一款新的无线耳机，可以按照以下方式安排。

（1）开场（5分钟）

在直播开始的前5分钟，主播可以简要介绍自己和这款耳机，说明本次直播的计划、福利等内容。

（2）产品介绍（15分钟）

在开完场后，接下来15分钟里，主播可以全面展示并讲解这款耳机的外观、功能、配件以及本场直播中的优惠活动等。

（3）主播使用体验（20分钟）

在这20分钟的环节中，主播可以通过实际佩戴耳机，分享音质、舒适度和使用感受。

（4）观众互动（10分钟）

在这10分钟里，主播可以邀请观众提出问题，并积极回应，同时收集他们对产品的反馈。

（5）总结（5分钟）

在直播的最后5分钟，主播需要客观总结本场产品的优缺点，并预告下一场直播的时间和内容亮点，以吸引观众继续关注。

2. 准备相关素材

主播需提前准备好所有相关素材，如耳机的详细规格、演示视频和用户评论。这能使主播在直播过程中更流畅地介绍产品，避免因临时查找资料而打乱直播节奏。

3．制定时间表

主播需提前规划合理的时间分配，以防某一环节的拖延影响直播的整体节奏。例如，确保开场和总结环节按时完成，以便为主要内容展示和观众互动留出充足时间。

三、直播前的准备工作

1．设备检查

应测试麦克风的收音是否正常、音质是否纯净，检查摄像头的清晰度是否达标。如果是绿幕直播，还需确认绿幕是否完全覆盖背景且无褶皱，以免影响画面效果。

2．环境布置

在直播前，最好营造一个既专业又符合主题的环境。例如，游戏直播可以设置游戏主题背景；产品评测则可以布置一个简洁的展示区，并确保光线充足，使产品细节清晰可见。

3．彩排

在开播前进行一次完整的彩排非常重要。主播应参与模拟整个直播过程，检查所有环节是否顺畅，这有助于主播在正式直播时更自信，并减少突发问题。例如，如果计划展示一款新游戏，彩排时就需要确保游戏的画面、声音和主播的讲解都能顺利进行。

四、直播中的实时管理

1．时间控制

主播应提前设定流程并为各环节设定时间提醒，若产品介绍环节计划为15分钟，就要确保按时完成，即使超时也应控制在合理范围之内。

2．观众互动

在游戏直播中，主播可以设立"挑战时刻"，邀请观众提出游戏挑战，以增加互动的趣味性。

3．内容调整

在直播过程中，主播无须严格地控制流程，而是可以根据直播的实时情况做出适当调整。例如，如果主播发现观众对某个话题特别感兴趣，就可以适当延长该话题的讲解时间。

五、直播后的总结和优化

1．收集反馈

直播结束后，主播应主动向观众征求反馈，询问他们对直播内容、效果和互动的看法。这有助于主播了解观众的喜好和直播改进的方向。

2．评估效果

直播结束后，主播需要查看直播的数据分析，包括观看人数、互动频率等。以产品评测为例，主播可以观察互动环节中观众提问的情况，以了解观众对产品的兴趣和关注点。

3．制订改进计划

例如，如果主播发现观众对某部分内容不太感兴趣，可以考虑在下一次的直播中调整内容重点。同时，提升设备质量和优化直播流程也是提升直播效果的必要措施。

4．案例分析

（1）游戏类直播示例

假设主播要进行《黑神话：悟空》的游戏直播，就需要在直播前规划好每个环节，如建造挑战、资源采集等。在彩排时，应确保游戏画面流畅，声音清晰；在直播时，要确保每个环节按时进行，并设置一些小游戏或挑战与观众进行适时互动，让观众参与其中。

（2）产品评测类直播示例

例如，主播评测了一款新出的智能手表。在直播前，主播需准备好手表的所有相关资料，并制定一个清晰直播时间表；在直播过程中，主播应详细展示手表的功能和使用体验，并积极与观众互动，及时回答他们的问题。

（3）教育培训类直播示例

假设主播直播了一节 Python 编程课程。在直播前，主播需准备好教学材料，并确保每个讲解点都有示例代码；在直播过程中，要确保教学内容条理清晰，实时回答观众的问题，并根据反馈调整讲解的深度和节奏。

5.2　脚本撰写：精准优化直播文案

撰写电商直播脚本的关键在于要确保内容既吸引人又富有条理。一个有效的电商直播脚本应该能够充分展示产品的优势，激发观众的购买欲望，同时保持互动性。以下分别从开场介绍、产品介绍、互动环节、促销信息以及总结和收尾五个方面来介绍电商直播脚本撰写的要点。

01	02	03	04	05
开场介绍	产品介绍	互动环节	促销信息	总结和收尾

一、开场介绍

1．自我介绍

主播介绍自己、直播间主题以及产品的背景信息。

2．直播主题介绍

简要说明本次直播的主题，包括内容和目的等，确保主题与观众的利益紧密相关。

3．表达欢迎和感谢

向观众表达欢迎和感谢，感谢他们的到来，并鼓励他们在直播聊天框中积极互动。

二、产品介绍

1．产品亮点

详细介绍本次直播的产品，特别是其核心特点和优势。适当地进行理性分析，比较产品的优劣势。

2．实物展示

在介绍产品后，主播应通过镜头详细展示产品，突出其外观和功能，尤其是其独特性。

3．使用演示

主播应通过实际操作演示产品的使用效果和体验，引导观众逐步了解产品的实际效用。

三、互动环节

1．积极回应观众提问

主播应密切关注并及时回答观众在聊天框中提出的问题。

2．根据反馈迅速调整

如果直播效果不理想，主播需根据观众的反馈迅速调整直播策略和内容。

3．设置互动游戏

安排小游戏或抽奖活动，以增强观众的参与感。

四、促销信息

1．优惠活动

介绍当前的促销活动、折扣信息等。

2．限时优惠

定期提醒观众把握限时抢购的机会，以此营造紧迫感。

3．购买方式

主播应清晰说明下单、支付流程及配送信息。

五、总结和收尾

1.总结主要内容

在直播结束前，主播可以回顾本次直播的主要内容。

2.再次表达感谢

主播应再次感谢观众的参与，并鼓励他们持续关注和分享，同时邀请他们参与下次直播。

3.预告下次直播

简要介绍下一次直播的精彩内容和预计时间。

下面是关于直播开场文案的示例。

1.开场介绍

"（镜头对准主播，背景整洁有序）大家好！欢迎各位来到今天的直播间，我是你们的主播 [姓名]。

"非常高兴大家能在百忙之中抽出时间参与我们的直播。今天，我们要介绍的是一款超级热门的产品——[产品名称]。

"无论你是第一次听说它，还是已经对它有所了解，今天的直播都将为你带来全新的认识。

"在直播正式开始之前，让我先向大家介绍一下今天的直播流程。

"咱们今天给大家带来的是一款 [产品种类]。在接下来的直播中，我将详细介绍 [产品名称] 的核心特点和优势，并进行实物展示和使用演示。此外，我们还安排了很多有趣的互动环节。在互动环节中，我不仅会回答大家的问题，还为大家准备了一些小惊喜哦！

"请各位家人们一定要保持关注，不要轻易走开！"

2.产品介绍

（1）实物展示

"好啦，言归正传，我们来看看今天的主角——[产品名称]。

"这款产品真的是 [产品类别] 中的佼佼者，它的 [核心特点 1]、[核心特点 2]和 [核心特点 3] 使其在市场上脱颖而出。

"首先，咱们来看看它的外观：这是 [产品名称] 的 [产品外观细节]。你可以看到，它采用了 [材料 / 设计风格]，不仅外观 [描述外观]，而且在实际使用中也非常 [描述优点]。

"接下来，让我们来看一下它的功能（镜头切换到产品细节，主播逐一介绍功能）。

"[产品名称] 的 [功能 1] 非常强大，它能够 [功能 1 的详细描述]。想象一下，当你在 [场景] 中使用它时，它将为你带来多大的便利。

"这款产品的 [功能 2] 在实际使用中同样表现出色。当你在 [特定场景]中使用它时，你会发现 [具体效果]，这对于 [目标用户] 来说是一个福音。

"[产品名称] 的 [功能 3] 也是它的亮点之一。它的 [特点] 能够让你轻松地 [功能 3 的详细描述]。无论你是在 [场景 1] 还是 [场景 2] 中使用，它都能展现出卓越的优势。"

（2）使用演示

"（镜头切换到产品使用演示场景）现在，让我为大家展示如何使用 [产品名称]。

"我先给大家介绍下使用 [产品名称] 的步骤。你需先进行 [步骤 1]，然后按照 [步骤 2] 继续操作。看，我已经完成了 [某个操作]，效果非常显著！

"再来看下不同情境下它的使用。我们可以看到，当 [产品名称] 在 [情境1] 中使用时，它的表现真的是 [效果描述]；而在 [情境 2] 中使用时，它同样表现得很出色，堪称 [具体优点] 的典范。"

3. 互动环节

"大家有任何问题都可以在聊天框中留言，我会尽量逐一回答！现在，让我们进入互动环节。有朋友问到 [观众的提问]，其实这个问题很容易理解，[回答详细内容]。另外，还有朋友对 [另一个问题] 感兴趣，这款产品的 [相关特性] 正是为了解决 [另一个问题] 而设计的。

"今天，我们还专门为大家准备了一个小活动。接下来，我们将进行一个[互动游戏/抽奖活动]，大家积极参与就有机会赢得[奖品]哦！"

4. 促销信息

"在直播的最后，我还有一个好消息要告诉大家：今天，我为直播间的家人们申请到了特别的优惠活动！购买[产品名称]，可以享受[折扣信息]，而且前[人数]名下单的朋友还将获得[赠品]！

"注意，咱们这次的优惠活动是限时的，大家一定要抓紧时间下单！下单流程非常简单，你只需点击屏幕下方的链接，即可直接进入购买页面。如果你有任何疑问，欢迎随时在聊天框中提问，我们会尽快为你解答。

"另外，我们的配送服务也非常贴心，所有订单会在[时间]内发货，让大家尽快收到产品。如果大家在收到货后对产品有任何不满意，都可以享受[退换货政策]，完全没有后顾之忧。大家抓紧时机！"

5. 总结和收尾

"好啦，今天的直播差不多就要结束了。在这次直播中，我们介绍了[产品名称]的各个方面，包括它的[亮点1]、[亮点2]和[亮点3]。希望今天的介绍能帮助大家更深入地了解这款产品。

"非常感谢大家今天的参与，你们的支持是我们最大的动力。如果你喜欢今天的直播，请记得关注我们的频道，并分享给你的朋友。我们下次直播会有更多精彩的内容和优惠活动。敬请期待！

"再次感谢大家的参与，希望你们都能选到满意的产品。下次直播见啦！祝大家生活愉快！（镜头逐渐淡出，直播结束）"

5.3　读懂粉丝心理：了解并回应观众需求

通过深入分析观众的兴趣和行为，主播可以有效提升直播效果，增强观众的参与感，并最终促进销售。以下是一些策略和技巧，帮助各位初学者更好地把握观众心理，实现直播目标。

一、深入了解自己的观众

1．构建观众画像

在直播初期，主播可能对自己直播间的观众群体了解不够深入。例如，如果直播内容主要围绕母婴产品，那么观众很可能是年轻的父母或准妈妈、准爸爸。通过分析数据，如果发现大多数观众对婴儿护理有较高的关注，主播可以适当调整直播内容，重点介绍婴儿护理的实用技巧，如指导观众如何选择安全的婴儿护肤品，或者向观众分享实用的育儿小窍门。

2．持续更新观众数据

观众的兴趣和需求可能会随时间变化。主播可以使用数据分析工具来跟踪观众的行为模式，关注他们最常观看的直播时间段、最感兴趣的产品类别等关键因素。例如，如果发现观众最近对环保产品的兴趣增加，那么主播可以考虑在直播中增加环保材料的介绍，或者提供一些在日常生活中减少碳足迹的实用建议。

二、实时关注观众互动

1．监控和分析实时聊天

在直播过程中，聊天框是观众表达意见和提出问题的主要渠道。因此，主播需要保持对聊天内容的实时监控，以便快速识别观众的疑虑和兴趣点。例如，在一次直播中，如果发现大量观众询问某款护肤品是否适合敏感肌肤，主播可以立即调整直播内容，专门探讨产品的成分、适用肤质以及使用效果。

2．设置互动环节

在直播过程中，可以设置投票环节。根据投票结果，主播可以调整直播内容，重点介绍直播观众最关心的问题，并提供相关的产品推荐。

三、有效运用互动策略

1．定期组织互动活动

通过定期组织互动活动，主播可以保持观众的活跃度和参与感。例如，每月组织一次粉丝专属的直播活动，邀请活跃观众参与直播，分享他们的使用心得或参与产品评测。

2．利用数据驱动互动

利用数据分析来驱动互动策略，可以使主播的互动活动更加有针对性。例如，如果发现观众对某类产品的互动频率较高，主播就可以在直播中设置相关的互动活动，如产品使用技巧分享、用户体验调查等。

四、有效处理负面情绪

1．积极回应负面评论

当直播中出现负面评论时，主播应保持冷静并给出积极回应。例如，如果观众对推荐的产品提出质量问题，主播可以先表示感谢，然后说明会将这个问题反馈给相关团队。

2．解决争议并提供补偿

面对较大争议，主播应主动提供适当的补偿措施。这样做不仅能够平息争议，还能保护观众的权益，并提升他们对直播内容的满意度。

积极回应负面评论　　　有效处理负面情绪　　　解决争议并提供补偿

五、激发观众的购买欲望

1. 促销手段的应用

为了提升直播间的销量，许多主播通过引入短期价格优惠或特别活动来激发观众的购买欲望。这种策略通过提供即时的经济激励，能有效地促进观众的购买决策。

2. 激发购买决策的策略

一种有效的策略是主播通过刻意营造紧迫感和稀缺性来激发观众的购买决策。当观众感觉到某款产品的供应有限或促销活动即将结束时，他们往往会迅速做出购买决定。例如，在直播中，主播可以展示某款产品的剩余库存，并使用倒计时来提醒观众促销活动的结束时间。

在电商直播中，理解观众心理并有效满足他们的需求是提升直播效果和观众满意度的关键。通过这些策略，主播不仅能提高销量，还能与观众建立起长期信任和良好关系。

5.4　常用语言技巧：直播中的沟通艺术

为了帮助新手主播在直播中更有效地吸引观众并提高互动的质量，下面详细列出了一些直播语言技巧。

1. 开场语言技巧

"大家好，欢迎来到今天的直播间，我是 [你的名字]。今天，我们将一起探索 [直播主题]。我非常兴奋，因为今天不仅有 [特别内容]，还有一些惊喜互动等着大家！准备好了吗？让我们一起开启这段精彩的旅程吧！"

2. 互动语言技巧

"大家的观点对我非常重要。我看到 [观众名字] 提到了 [观众评论内容]，这是一个很有趣的想法。你们觉得这个观点适用于 [相关话题] 吗？快在聊天框里告诉我你们的看法吧！"

3. 产品或服务推广语言技巧

"今天，我有一个超级好消息要告诉大家。这款 [产品名称] 不仅具有 [产品特点]，而且在今天的直播中，大家还可以享受独家优惠。只需点击下方的链接，即可获得专属折扣哦！"

4. 引导观众参与互动语言技巧

"为了让今天的直播更加有趣，我们准备了一个 ' [活动名称] ' 的互动环节！参与方式很简单，只需在聊天框中 [活动规则]，就有机会赢得 [奖品]。快来展示你们的才华吧！"

5. 提示处理技术问题语言技巧

"看来技术小精灵今天也想加入我们！我们正在处理这个小问题，感谢大家的耐心等待。别担心，问题解决后我们会立刻继续今天的精彩内容！"

6. 直播结束时致谢的语言技巧

"今天的直播时间过得真快，感谢每一位朋友的陪伴和支持！为了回馈大家的热情，我们将在下次直播中进行特别抽奖。记得关注我们的频道，我们下次直播见哦！"

7. 负面评论回应语言技巧

"我注意到有些朋友对 [某问题] 有不同的看法。我们非常欢迎各种建设性的意见。请大家保持友好的讨论氛围，我们一起来探讨这个话题吧！"

8. 引导观众深度参与的语言技巧

"我们今天讨论了很多有趣的话题，现在我想听听你们对 [话题] 的深入见解。你们有没有特别的经历或观点想分享？在聊天框中告诉我们吧，我们来一起探讨！"

9. 激励观众分享和持续关注的语言技巧

"如果你喜欢今天的内容，不要忘了点击分享，邀请你的朋友们一同加入我们的直播！另外，点击关注能让你第一时间获得最新的直播信息。赶快行动吧！"

10. 针对不同类型观众的语言技巧

（1）新观众

"欢迎新朋友来到我们的直播间！如果你对 [直播主题] 感兴趣，不妨多停留一会儿，我们准备了很多精彩的内容。记得点击关注，这样就不会错过我们未来的任何直播了！"

（2）老观众

"感谢老朋友们的回归！你们的持续支持是我们最大的动力。今天，我们准备了特别的内容和活动，希望你们会喜欢。如果有任何建议或想法，欢迎随时与我们分享！"

（3）活跃的观众

"非常感谢你们的积极参与，这真是太棒了！你们的每一条评论和每一个问题都让直播更加精彩。我们非常珍视你们的热情，希望你们继续保持哦！"

（4）沉默的观众

"我们也注意到了在屏幕上默默观看的你们。虽然你们没有留言，但我们很高兴你们在关注。希望你们喜欢今天的内容，如果有任何想法或问题，不要犹豫，随时都可以在聊天框中分享！"

11．引出话题和提问的语言技巧

"今天我们已经讨论了很多关于[主题]的内容。现在，我很好奇你们对[具体话题]有什么看法？比如，[具体问题]。请在聊天框中分享你的想法，我们来一起探讨这些有趣的观点！"

12．引用数据和图表的语言技巧

"为了更直观地展示[数据／趋势]，我准备了一张图表。大家可以看到，这里显示了[数据点]。你们对这些数据有什么看法？在聊天框中讨论一下吧！"

13．介绍专题节目的语言技巧

"在今天的直播中，我们将针对[专题／主题]进行深入探讨。这个话题不仅非常有趣，而且对大家来说也非常重要。请大家赶快准备好你的问题和观点，一起参与这场深度讨论吧！"

14．引导使用直播间工具和功能的语言技巧

"我们现在要进行一个小投票，以了解大家对[话题]的看法。请点击屏幕上方的投票选项，我们很快就会看到大家的投票结果！"

15．展示幕后花絮和准备过程的语言技巧

"在正式开始之前，我先带大家看看直播的幕后花絮。你们可以看到，我们的[设备／场景]正在进行最后的调整。直播的准备过程其实也非常有趣。你们想不想了解一下幕后故事？在聊天框里告诉我吧！"

16．总结和回顾的语言技巧

"在今天的直播中，我们深入讨论了[主要内容]，希望大家能从这些内容中获得有用的信息和启发。为了方便大家回顾，我来总结一下今天的要点：[要点总结]。如果你们有任何问题或想法，欢迎随时留言，我们将继续跟进讨论！"

17．激励观众参与长期互动的语言技巧

"为了保持我们之间的互动，我们正在创建一个专属的[社区/群组]。在这里，你们可以分享想法、参与讨论，并获取独家的直播内容。快来加入我们，成为这个社区的一员吧！"

18．使用故事和案例增强吸引力的语言技巧

"我想和大家分享一个关于[相关话题]的真实故事。这个故事凸显了[关键点]，并且与我们今天讨论的内容紧密相关。我相信这个故事能给大家带来新的启发。"

19．办活动或设计特别的主题直播介绍的语言技巧

"我们即将举办一场特别的主题直播，内容将围绕[主题]展开。这是一个不容错过的机会，我们将邀请[嘉宾/专家]来进行深入的讨论。记得锁定我们的频道，参与这场特别的直播活动！"

20．引导参与互动游戏和挑战的语言技巧

"为了让今天的直播更加有趣，我们设计了一个互动式的游戏：[游戏名称]。参与方式非常简单，只要按照提示操作就能参与挑战。成功赢得挑战的朋友将有机会获得[奖品]！"

21．营造直播氛围并体验的语言技巧

"今天的直播间气氛真是太棒了，大家的积极参与让整个过程充满活力。为了让直播氛围更加轻松愉快，我们将播放一些[背景音乐/有趣的视频片段]。希望大家能继续享受直播，与主播保持互动。"

5.5 技术检查：确保软硬件无纰漏

嘿，准备好要开始直播了吗？太棒了！不过，咱们得先确保每个环节都万无一失。别担心，今天我们就一起来搞定那些技术细节，让各位初学者的直播也能像老手一样顺利地进行！

一、硬件检查

1. 电脑

在直播前，主播应检查电脑的处理器、内存和存储空间，这些信息可以在电脑的任务管理器中查看。同时，要确保电脑能够处理直播时的所有操作，并避免过热。过热可能导致电脑自动关机，这在直播过程中尤其需要避免！检查散热系统并清理灰尘，以保持电脑处于最佳状态。

2. 摄像头

检查摄像头，并将其连接到电脑上，查看画质是否清晰。如果画面模糊，那可能是因为镜头上有灰尘。尝试用干净的布轻轻擦拭镜头。想象一下，如果直播时画面模糊，就像一部看不清楚的电影，会让观众感到不舒服。

3. 麦克风

确保麦克风线连接稳定，并测试声音录制是否清晰。如果声音听起来很遥远，那可能是因为麦克风音量太低。试着调高音量，然后用耳机检查效果。如果因为主播的麦克风设置不当，导致观众听不清楚而离开，这会非常尴尬。

4. 耳机

插上耳机，播放音乐来检查音质。如果听到杂音或声音失真，那可能是耳机线的问题。同时，确保耳机佩戴舒适，避免在直播时感到不适。有个朋友在直播时，因耳机接触不良导致声音忽大忽小，最终他不得不更换耳机，这突如其来的情况不仅让场面显得混乱，还导致了观众的流失。

二、软件测试

1. 直播软件设置

在直播前，进行模拟直播，以检查画面和声音是否正常。打开直播软件，检查分辨率、帧率和比特率设置，确保视频画质良好、不卡顿。如果设置的分辨率过高，可能会导致画面卡顿，就像视频在缓冲一样，影响观众的观看体验。

2. 直播插件和工具

检查直播过程中所需的插件和工具，如弹幕、聊天工具等，确保它们都正常运行且不会干扰直播。例如，有一次在直播中，我的弹幕插件突然出现了问题，导致我无法查看观众的留言，观众都在询问原因。

3. 电脑操作系统和驱动程序

直播用的电脑应定期更新操作系统和驱动程序。旧版本的系统或驱动程序可能与软件不兼容，从而引发问题。例如，一位主播的摄像头因驱动程序过时，导致直播时画面突然消失，让他十分焦虑。

三、网络稳定性检查

1. 网络连接

有线网络通常比无线网络更稳定。同时，准备一个备用的移动数据热点是一个好主意，以便在有线网络出现问题时能够迅速切换，确保直播不受影响。

2．网络速度

主播应使用在线速度测试工具来检查直播间的网络速度，确保上传速度足够快。如果带宽不足，直播可能会卡顿或断流，这会导致观众流失，影响转化和销售。

网络连接 —— 01   02 ·· 网络速度

四、准备应急备用方案

1．备用设备

应准备摄像头和麦克风的备用设备，以便在主设备出现问题时能够可以快速切换，避免直播中断。同时，定期测试备用设备的效果，确保它们在关键时刻能够正常工作。

2．备用网络

像我上面提到的，移动数据热点是一个不错的选择。即使网络突然中断，也有备用方案，不会让观众等待太久。

五、更新软硬件至最新版本

1．硬件更新

硬件驱动程序应定期更新，以确保它们与直播软件兼容。检查硬件设备的固件版本，保持设备的稳定性和功能性，这有助于减少直播过程中的麻烦。

2．软件更新

主播应保持直播软件和其他工具为最新版本，以避免出现漏洞或兼容性问题。同时，安装系统和软件的安全补丁也是必要的。及时更新直播软件可以确保使用所有新功能。

六、直播前的最后复核

1．检查设备状态

在直播开始前，主播需要再次检查所有设备的状态，确认它们都能正常运行。对于涉及链接的功能，如产品展示或购物车链接，也应确保它们正常工作，以便在直播开始前一切都在掌控之中。

2．最后测试

在直播前，进行全面的测试，确保所有设备、软硬件及细节都经过检查，没有遗漏。

七、直播过程中的技术监控

1．实时监控

在直播过程中，主播应持续关注技术监控工具，以确保直播间运行正常，软硬件系统性能良好。如果发现问题，应立即进行调整。同时，主播应保持与观众的实时互动，及时了解并解决他们在直播间可能遇到的技术问题，如听不清声音或无法下单等。

2．处理突发问题

即便在直播前做了充分的准备，直播过程中也有可能遇到技术问题。面对这种情况，主播应保持冷静，不要慌张。由于已经提前准备了备用设备和网络，主播应迅速采取措施，以最短的时间解决问题，确保直播的顺利进行。

第六章

黄金三分钟，决定直播成败

6.1 开场之艺术展现：留住观众的黄金三分钟

在电商直播中，开场的前三分钟至关重要，因为它直接关系到观众的留存率和他们的整体观看体验。说得直白点，就是："人都留不住怎么卖东西？"一个吸引人的开场可以迅速吸引观众的注意力，让他们愿意留下来观看整个直播。以下是如何把握这关键时刻的策略。

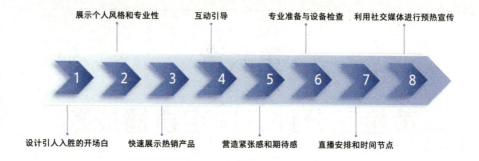

展示个人风格和专业性　　　　互动引导　　　　专业准备与设备检查　利用社交媒体进行预热宣传

1　2　3　4　5　6　7　8

设计引人入胜的开场白　　　快速展示热销产品　　　营造紧张感和期待感　　　直播安排和时间节点

一、设计引人入胜的开场白

1．打招呼并建立联系

在开场时，主播首先需要以热情和亲切的方式打招呼，这样的开场能够让观众感受到温暖和欢迎，从而更愿意继续观看。例如："大家好，欢迎来到直播间的家人们，我是你们的主播[主播名字]。今天，我为大家准备了很多惊喜和独家优惠，希望大家会喜欢。请大家关注并多多点赞，不要错过精彩内容哦！"

2．创造悬念，突出亮点

为了激发观众的好奇心，主播可以在开场时简要介绍直播的亮点或特别内容。例如："今天，我们将展示一款全新发布的产品，并提供独家优惠。此外，我们还准备了神秘大奖等你来拿，精彩不容错过！"

二、展示个人风格和专业性

1．展现个人风格

主播的个性和风格是吸引观众的重要因素。通过展示自己的独特风格，主播可以与观众建立更紧密的情感联系。无论是幽默风趣，还是专业严谨，找到并展示适合自己的风格，能够吸引相应喜好的观众，获得他们的好感。例如："大家好，我是[主播名字]。今天，我将运用我的专业知识，为大家介绍最新的产品，并分享一些购物技巧和实用小贴士。"

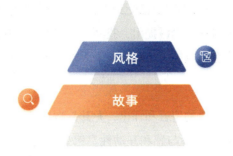

2．分享个人故事

主播可以通过分享与产品相关的个人故事或经历，让观众感到更加真实和亲近。人们都爱听故事，个人化的内容可以增加观众的信任感。例如："我最近试用了这款护肤品，效果真的很惊人。它不仅改善了我的肤质，而且气味也很清新。今天，我会详细分享使用它的感受。"

三、快速展示热销产品

1．突出产品亮点

在开场的几分钟内，主播应迅速展示一些热销产品或特别优惠，并简要介绍其独特之处，这可以立即引起观众的兴趣并使他们更愿意继续观看。例如："首先，我们来看一下这款超热门的智能手表。它不仅拥有最新的健康监测功能，还具备时尚的设计。今天，我们为大家准备了特别的直播专享价！"

2．提供清晰的优惠信息

在直播中，明确告知观众有关特别优惠和折扣的信息，并提示他们关注直播以获得更多第一手的信息。例如："今天在直播间下单即可享受额外 10% 的折扣，同时还有免运费的优惠，机会难得，赶快行动吧！"

四、互动引导

1．鼓励观众参与

在直播刚开始时，鼓励观众积极在评论区留言或提问，让他们获取一些

"好处"。这不仅能让观众感到自己受到重视，还能增强互动性。例如："大家有任何问题，欢迎随时在评论区提出，我会一一回答。还有，我们今天设有互动环节，参与就有机会赢取精美小礼物，千万不要错过哦！"

2．及时回应评论

主播应迅速回应观众的留言和评论，尤其是当直播间人数较少时，念出观众的名字可以增强观众的参与感和互动性。例如："感谢小李的留言！关于你询问的产品成分，我立即为你解答。这款产品主要由天然植物提取物构成，对皮肤非常温和。"

五、营造紧张感和期待感

1．设置限时活动

在直播间观众逐渐增多时，预告限时活动或闪购环节可以制造紧迫感，激发观众的购买欲望。例如："大家注意，3 分钟后我们将开始限时秒杀活动，价格非常划算。活动仅持续 20 分钟，直播间的家人们一定要抓住机会！"

2．透露即将到来的惊喜

在开场时，可以透露一些即将发布的特别活动或隐藏的惊喜，以保持观众的期待，并鼓励他们留在直播间。例如："今晚，我们还会有特别的抽奖环节，参与互动就有机会赢取神秘大奖，直播间的家人们走过、路过，一定不要错过！"

六、专业准备与设备检查

1．确保直播画面和声音质量

直播间的画面和声音质量对观众的观看体验至关重要。主播应在开场前仔细检查设备，确保技术支持到位，能够保证画面清晰、声音透亮，避免直播过程中出现技术问题。

2．提前排练和准备

在正式直播前，主播应充分准备好所有要展示的产品和相关信息，并进行排练。这有助于主播熟悉直播流程，确保开场流畅自然，避免出现意外。例如，主播可以提前规划好开场白和产品介绍的顺序，确保直播"开场即高能"，能上人、能留人、能转化，过程中没有遗漏。

七、直播安排和时间节点

1. 明确告知直播安排

在开场时，主播应简要介绍直播的主要内容和流程，让观众了解接下来的精彩内容。请注意，"精彩"才是重点。例如："接下来，我们将逐一介绍今天的主打商品，之后还有互动环节和抽奖活动，希望大家能坚持看到最后！"

2. 强调时间节点

主播应提醒观众关注直播的关键时间节点，以确保他们不会错过任何重要环节。例如："请大家密切关注直播的进度，特别是最后的抽奖环节，这将是今晚的重头戏，非常值得期待！"

八、利用社交媒体进行预热宣传

在直播前，主播可以利用社交媒体和其他宣传渠道进行预热，以提高直播的曝光率并吸引观众。例如，主播可以在直播当天上午发布短视频："大家好，今晚8点我们将进行一场特别的直播，届时将为大家带来超值优惠和惊喜活动，记得准时锁定直播间！"

6.2 互动魔法：提升观众参与感的技巧

在电商直播过程中，观众拥有良好的参与感非常重要。以下是一些具体的技巧和实例，帮助新手主播在直播过程中提升观众的参与感。

一、实时互动

1．实时回应评论

示范1："谢谢'小王爱臭美'家人的提问！你关心的这款护肤品，其主要成分是天然植物提取物，非常适合刚从海边回来被晒红的皮肤。接下来我将详细讲解它的使用功效，请继续关注！"

示范2："我看到'小李'家人在咨询智能手表电池续航问题，这款手表的电池可以持续使用长达48小时，且支持快速充电，非常方便。"

2．实时投票和调查

示范1："欢迎大家参与我们的直播投票，选出你们最想了解的产品。我们将优先介绍得票数最高的产品！"

示范2："请大家在评论区投票，告诉我们你们最感兴趣的优惠活动类型，以便我们根据大家的偏好进行调整！"

二、鼓励留言和分享

1．设置留言互动环节

示范1："欢迎大家在评论区分享你们曾经使用过并最喜欢的产品。我们将选出三个最有趣的分享，并为分享者赠送小礼品！"

示范2："今晚的互动话题是'你最希望我们推出的新品是什么'。请大家在评论区积极留言，我们将从大家的提议中挑选几个最有趣的想法，并给予特别奖励。"

2．鼓励观众分享直播

示范 1："如果你喜欢今天的直播内容，欢迎分享给你们的朋友。分享后请在评论区留言，我们将从中抽取几名幸运观众送出额外礼品！"

示范 2："请大家将我们的直播链接分享到朋友圈，并把截图发到评论区，这样你就有机会获得我们特别准备的小礼品！"

三、制造紧张感和期待感

1．设置限时活动

示范 1："我们很快就开始限时秒杀活动了，所有产品限时折扣仅持续 15 分钟，大家一定要抓住这个机会！"

示范 2："在接下来的 30 分钟内，我们将推出特别的限时闪购活动，价格非常优惠，大家迅速行动起来吧！"

2．透露神秘惊喜

示范 1："直播结束时，我们将进行一次神秘抽奖，奖品绝对会让大家惊喜，只要参与互动就有机会获得！"

示范 2："在今晚的直播中，我们还有神秘礼品等着大家，互动越多，赢得的机会越大，快来参与吧！"

四、设立奖励机制

1．设置互动奖励

示范 1："我们将从参与评论的观众中抽取 3 位幸运者，送出我们的独家购物券，请大家踊跃参与互动！"

示范 2："在直播过程中，互动最积极的观众将有机会获得我们的一款限量版产品，快来参与吧！"

2．举办有奖活动

示范 1："我们现在开始进行有奖竞猜环节，猜对问题答案的观众将有机会获得我们准备的特别赠品。今天的问题是：'我们今天介绍的第一款产品是什么？'"

示范2："欢迎大家参与我们的有奖竞猜活动，回答正确的观众将获得我们精心准备的小礼物。问题是：'刚才我们主播介绍的产品是哪家品牌的哪一款？'"

五、实时展示观众参与情况

1. 展示观众留言

示范1："感谢'赵赵赵赵赵'家人的留言，我们现在将展示你想了解的产品的详细信息，希望你会喜欢！"

示范2："我们正在实时查看大家的评论，感谢你们的积极参与。接下来，我们将展示一些有趣的留言，请大家继续留言互动哦！"

2. 分享观众的参与成果

示范1："我们刚刚从评论区选出了一些精彩的留言，现在就与大家进行分享，并感谢大家的积极参与！"

示范2："感谢大家的热情参与，今天我们将展示一些有趣的互动截图，并从中抽取几名幸运观众送出礼品！"

六、利用多样化的直播形式

1. 使用多场景切换

示范1："现在我们切换到产品展示区，为大家展示这款新品的实际效果。接下来，我们还会有特别的嘉宾为大家介绍更多的产品！"

示范2："我们现在进入了实景试用环节，大家可以看到产品的实际使用效果。之后，我们还有精彩的嘉宾访谈环节。"

2. 邀请嘉宾或专家

示范1："今天我们有幸邀请到了美容专家李老师，她将为大家详细讲解这款护肤品的使用效果和注意事项。"

示范2："在今天的直播中，我们特别邀请了资深科技达人王先生作为嘉宾，他将分享对这款智能手表的独特见解。"

七、强调个性化和一对一服务

1．提供个性化推荐

示范1："根据大家的留言，我们将为每位观众提供个性化的产品推荐服务。请大家在评论区告诉我们你的需求！"

示范2："如果你对某个产品特别感兴趣，请告诉我们你的具体需求，我们会根据你的需求提供专属推荐。"

2．提供一对一咨询

示范1："在直播中，我们将提供一对一的产品咨询服务。大家可以私信我们你的问题，我们会为你详细解答。"

示范2："如果你有任何关于产品的疑问，欢迎在评论区留言，我们的客服团队会为你提供一对一的咨询服务。"

八、确保直播内容的连续性和丰富性

1．安排直播流程

示范1："接下来的直播将包括产品试用演示和专业老师的解答环节，确保大家能够全面了解产品的各个方面。"

示范2："我们的直播内容涵盖了新品介绍、实时互动和特别抽奖等环节，确保直播既充满趣味又富含实用信息。"

2．设置多样化的直播环节

示范1："今天的直播将包括产品开箱、使用评测、专家访谈等环节，希望大家能从这些内容中获得丰富的信息和乐趣。"

示范2："我们的直播将涵盖新品介绍、现场试用、观众互动等多个环节，确保直播内容丰富多彩。"

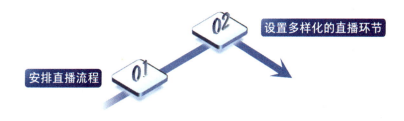

6.3 展示技巧：让产品自己"说话"

在直播过程中，让产品自己"说话"可以有效提升观众的购买欲望和对产品的信任度。以下是一些展示技巧。

一、产品特点介绍

1. 产品材料和工艺

示范 1：如果展示的是一款高档手表，主播可以详细介绍其采用的优质材料，如进口机芯和顶级皮革表带等，以增强产品的高端形象。

示范 2：在介绍一款奢华床品时，主播可以讲解其使用的高支数棉纤维和精细工艺，展示其舒适度和耐用性。

2. 产品功能

示范 1：如果直播的产品是智能手表，主播可以详细介绍其健康监测、通知提醒、运动跟踪等功能，并演示如何设置和使用这些功能。

示范 2：在展示一款新型咖啡机时，主播可以讲解其多种功能，如自动研磨、不同咖啡模式等，并演示如何操作这些功能。

二、产品使用展示

1. 产品试用展示

示范 1：如果直播的产品是一款新型厨房小家电，主播可以现场演示其烹饪过程，展示产品如何快速均匀地烹饪食物。例如，现场演示如何使用这款电饭煲煮饭，或者通过烹饪其他美食来展示其高效和易用性。

示范 2：在展示化妆品时，主播可以在直播中亲自试用产品，展示其涂抹效果和妆容的持久性。

2．使用效果对比展示

示范1：如果销售的是一款新型吸尘器，主播可以将其与市场上几款主流吸尘器进行对比，以展示其强吸力和低噪声的特点。

示范2：在展示护肤品时，主播可以通过对比展示使用前后的皮肤状态，来突出产品的显著效果。

三、使用情境展示

1．生活场景展示

示范1：如果展示的是一款智能家居产品，主播可以在家中模拟实际的使用场景，演示如何通过手机控制家中的智能设备，以展示其智能家居系统的便捷性。

示范2：在介绍一款运动装备时，主播可以在健身房或户外环境中实际演示使用，以展示产品在运动中的实际表现和效果。

2．故事化展示

示范1：如果直播的是一款新型厨具，主播可以通过讲述一个关于美食制作的故事来展示厨具，无论是爱情、亲情还是友情，都可以作为故事的情感纽带，借此展现此厨具如何提升烹饪体验。

示范2：在展示一款旅行箱时，主播可以讲述一个旅行故事，通过故事展示旅行箱在不同旅行场景中的实用性和便利性。

四、用户案例分享

1．客户评价展示

示范1：如果产品获得了客户的好评，主播可以在直播中分享一些用户的真实评价和使用感受，如展示好评截图。

示范2：在展示家居用品时，主播可以展示一些用户的使用心得和体验分享，以增加产品的真实感和可信度。

2．分享成功案例

示范1：如果直播的是一款减肥产品，主播可以分享一些用户的成功减肥案例和故事，以展示产品的实际效果。

示范 2：在展示一款教育类软件时，主播可以分享一些学生使用该软件后取得的学习成果和进步，以增加产品的可信度和吸引力。

五、互动与问答

1. 实时答疑

示范 1：如果直播的是一款保健品，主播可以实时回答观众关于产品成分、功效和使用方法等方面的问题，以增强观众的信任。

示范 2：在展示一款新型家居产品时，主播可以实时解答观众关于产品安装、使用和维护等方面的问题，帮助观众解决实际使用中的疑惑。

2. 展示观众反馈

示范 1：在直播过程中，主播可以展示观众的评价和反馈，以突出观众对产品的满意度和使用体验。

示范 2：如果产品适用于多个场景，主播可以展示观众在不同场景下的使用反馈，从而展示产品的多功能性和广泛的适用性。

六、塑造专家形象

1. 邀请专家讲解

示范 1：如果展示的是一款高端护肤品，主播可以邀请皮肤科医生或美容专家来讲解产品的成分和功效，以增加产品的专业性和可信度。

示范 2：在介绍一款技术产品时，主播可以邀请行业内知名或专业的技术专家进行详细的技术讲解，以展示产品的先进技术和应用效果。

2. 提供专业的使用建议

示范 1：如果直播的是一款健身器材，主播可以分享专业的训练方法和使用技巧，帮助观众更有效地使用器材进行锻炼。

示范2：在介绍一款摄影设备时，主播可以提供专业的摄影技巧和使用建议，如展示如何使用设备拍摄出高质量的照片。

七、视觉效果展示

1. 使用高质量的产品图片和视频

示范1：如果展示的是一款时尚手袋，主播可以展示该手袋的高质量图片和细节视频，以突出其精美的工艺和设计。

示范2：在介绍一款新型手机时，主播可以展示该手机的高清图片和使用视频，以突出其屏幕的清晰度和操作的流畅性等优点。

2. 使用特效和动画

示范1：如果展示的是一款家电产品，主播可以利用动画效果来展示产品的内部结构和工作原理，帮助观众更直观地理解产品的功能。

示范2：在展示一款化妆品时，主播可以运用特效来展示化妆品的效果变化，如通过上妆前后的对比动画，来突出产品的显著效果。

八、以创意方式展示

1. 举办产品体验活动

示范1：如果直播的是一款智能厨房电器，主播可以组织一个烹饪比赛，邀请观众提交他们使用该电器制作的食谱，并为最佳作品提供丰厚奖励。

示范2：在展示一款健身器材时，主播可以举办一个挑战活动，如一周的健身挑战，并邀请观众分享他们的锻炼成果和感受，以增加展示的互动性和观众的参与感。

2. 利用其他技术创意展示

示范1：如果直播的是一款新型家居装饰品，主播可以在直播中进行虚拟家居布置，展示装饰品在不同家居风格中的效果，让观众直观看到实际的装饰效果。

示范2：在展示一款科技产品时，主播可以使用增强现实（AR）技术，融合虚拟与现实场景展示产品的功能和特点，增加展示的趣味性和互动性。

6.4 激发情感：连续带货的策略与技巧

如果想让自己的直播受到欢迎，并能吸引观众积极参与，主播就需掌握一些令人眼前一亮的技巧。下面，我们将以简单、生动的方式介绍如何提升直播的吸引力和增强观众的参与感！

1. 互动无缝衔接：让每位观众都感受到被关注

想象一下，当你走进一个派对，所有人都热情地欢迎你，这种感觉是不是特别棒？直播也是一样，主播需要在直播中营造这样的氛围。当观众在聊天区留言时，主播应及时回应他们的评论和问题，让他们感到自己受到重视。

例如，如果有观众向主播询问其推荐的护肤品是否适合敏感肌肤，主播应立即回答，并现场演示，让观众看到。这种实时互动能让观众感到他们不是在观看一个枯燥的演讲，而是在参与一个充满活力的对话。

为了让互动更加生动，主播可以利用一些互动工具，如设置实时投票、抽奖等活动环节，让观众参与接下来的话题讨论。

2. 让观众参与进来：不仅仅是观看，更要参与

直播的魅力不仅在于主播展示的内容，还在于观众如何参与其中。主播可以通过设置有趣的活动方式或环节来鼓励观众主动参与。例如，通过举办的抽奖活动，观众可以通过评论或分享直播链接来参与，奖品可以是主播介绍的产品、优惠券或者其他小礼品。这样的活动不仅能增加互动性，还能吸引更多的人关注主播的直播。

此外，主播可以发起一些创意挑战，如"使用产品的最具创意的方法"比赛，邀请观众提交他们用主播介绍的产品制作的创意食谱或 DIY 项目，并争取赢得小奖品。

3．制造期待：让观众对直播充满期待

就像观众去看电影前对剧情充满各种期待和猜测一样，直播同样需要营造这种期待感。主播可以在直播开始前，通过预告片或倒计时提醒观众直播的时间，激发他们对即将到来的内容的期待。例如，在社交媒体上发布一些直播的精彩片段或幕后制作花絮。

此外，制订一个清晰的直播日程，让观众了解直播的内容和顺序，可以帮助他们提前了解主播即将带来的惊喜或有价值的内容。这种透明化的安排能够增加观众的参与感，因为他们可以提前知道哪些内容是他们特别感兴趣的，哪些产品的优惠力度是他们所期待的。

4．激发观众创造力：让观众成为内容的共同创造者

如果主播希望观众不仅是看客，还是参与者，那就要创造观众参与的机会。例如，主播可以通过设置奖励，如抽奖名额，来鼓励观众积极分享直播间的内容。

此外，鼓励观众提交他们的意见和建议也是一种有效的互动方式。例如，主播可以在直播结束后，邀请观众填写反馈问卷，收集他们对直播内容的喜好和改进建议。

5．让观众感到亲切：建立真诚的联系

分享个人故事或有趣的经历能使观众感觉主播更加真诚和亲近。例如，主播可以讲述自己使用某款产品的真实体验，或者分享生活中的小故事，这样观众就会感觉主播不仅是在推销产品，更是在与他们分享个人的生活和经验。

此外，运用幽默进行互动可以让直播气氛变得轻松愉快。例如，主播可以用幽默的方式描述产品的特点，或分享一些有趣的失败经历，这样观众会感觉主播的直播既有趣又轻松，不会感到枯燥。

6．提供独特体验：让观众感到自己很特别

在直播中，提供独家优惠，如限时折扣或专属优惠券，可以让观众感到自己获得了特别的待遇。例如，主播可以在直播期间提供仅限于观看直播的观众享受的折扣，这样的激励措施不仅能吸引观众继续观看直播，还能促使他们积极参与活动。

此外，提供一些专属体验，如定制服务，也能让观众感到自己很特别。例如，为观众定制带有他们名字的产品，或提供个性化的咨询服务。这些举措能够增强观众的参与感，提升他们的忠诚度。

7. 利用社交媒体：扩大互动的范围

社交媒体是主播与观众互动的另一大平台。在直播期间实时更新内容，发布直播的精彩瞬间或亮点，可以吸引更多人关注。例如，在直播结束后，主播可以在社交媒体上分享直播期间的精彩片段或观众的互动反馈。这样，即使观众错过了直播，也能感受到直播内容的精彩，同时也为直播间内容的二次传播提供了机会。

此外，主播可以在直播结束后发布总结，回顾互动环节，并感谢观众的参与，这样的做法能让观众感受到自己的互动受到重视。例如，主播可以发布一篇感谢信，回顾直播中的有趣瞬间，使观众感受到他们的贡献被认可和珍视。

8. 制定长期策略：持续增强观众参与感

为了使直播能够持续吸引观众，主播需要制定一个长期的策略。

首先，建立一个观众社区，如微信群或粉丝群，让观众能够长期互动、分享内容和获取最新信息；其次，根据观众的反馈不断调整直播内容和互动方式，这将有助于直播的不断进步。

例如，主播可以根据观众的兴趣调整直播的主题和形式，增加更多观众喜欢的内容，并适当减少观众不太感兴趣的内容，这样观众会更愿意继续关注直播。

借助这些策略，主播能够将直播打造为一个充满生机、互动频繁的交流环境，而不仅仅是一个简单的展示舞台。这样，观众不仅会更积极地参与互动，还会更愿意分享和传播直播内容，从而帮助主播建立一个忠实的观众群体。希望这些方法能帮助各位初学者提升直播的吸引力，让你的每一次直播都充满乐趣和精彩！

6.5 直播复盘：解决问题才能取得进步

在直播过程中，主播的表现和内容的质量将直接影响观众的观看体验。有效的直播复盘不仅能帮助主播及时发现问题，还能为未来的直播提供改进的方向。以下将以一位主播进行游戏直播为例进行说明。

一、回看录播：记录成功之处和存在的问题

1. 步骤

（1）观看录播

首先，主播需要认真观看自己直播的录播，仔细观看整个直播流程，包括直播前的准备、直播中的互动环节以及直播后的总结。

（2）记录问题

在观看录播时，主播应详细记录下直播期间遇到的难题和不理想的地方，如技术问题、内容单调、互动不足等。

2. 实例

一位游戏主播在直播后发现，尽管观看人数众多，但观众的互动参与度却较低。通过回看录播，她意识到自己在游戏过程中很少与观众互动，只是专注于游戏操作。这一发现帮助她识别了互动不足的问题。

二、分析数据：洞察观众行为和偏好

1. 步骤

（1）分析数据

在直播结束后，主播应利用直播平台提供的数据分析工具，查看并分析本场直播中观众的观看时长、互动频率和观众流失点等关键数据。

（2）识别热点

主播一定要注意观众在直播过程中最活跃的时间段以及互动最多的话题，这些通常是观众最感兴趣和最关注的内容，也是主播在未来直播中应重点扩大和深化的部分。

2. 实例

上面那位游戏主播通过数据分析发现，在游戏直播的前 30 分钟内，观众的互动频率最高。她还注意到，在某个游戏关卡时，观众留言特别频繁，这表明观众对这一关卡具有较高的兴趣。因此，她决定在未来的直播中更多地关注这些热点内容。

三、收集反馈：倾听观众的声音

1. 步骤

（1）审视评论

在直播结束后，主播最好能仔细阅读观众在聊天区和社交媒体上留下的评论，以了解他们的意见和建议。

（2）开展调查

与观众产生一定的亲密度后，主播还可以发送调查问卷，收集观众的详细意见和建议。为鼓励参与，最好准备一些小礼品或优惠券作为感谢。

2. 实例

上面那位游戏主播通过收集观众反馈发现，许多观众希望直播中能增加更多的互动游戏环节。观众在留言中表达了他们喜欢与主播一起参与任务，而仅仅是观看的意愿。因此，主播决定在未来的直播中增加互动游戏环节，以提升观众的参与感。

四、总结经验教训：识别并分析问题

1. 步骤

（1）归类问题

主播应将记录的问题进行归类，如技术问题、内容问题、互动问题等。

（2）深入分析

在问题记录和分类之后，主播还需要对每个问题进行详细分析，探究问题产生的原因，了解问题发生的背景及其影响，并研究解决方案及未来的规避措施。

（3）总结成功

对于一些比较成功的实战经验，也应当及时总结归纳起来，方便在以后遇到类似问题时能够顺利解决。

2. 实例

上面那位游戏主播还总结出了几个主要问题：直播画面卡顿、内容单一以及与观众互动不足。她发现画面卡顿主要是由于技术故障，即网络连接不稳定造成的；内容单一是因为没有准备足够的备选话题；而互动不足则是因为没有设计更多的互动游戏和环节。

五、制订改进计划：设定目标和方案

1. 步骤

（1）明确目标

主播应为收集到的每个问题设定具体的改进目标，如提高互动频率、丰富内容类型等。

（2）制订方案

主播应针对每个问题设计具体的改进方案，如针对网络问题的网络优化措施、为增加内容多样性而制订的策划方案等。

2．实例

为了解决技术问题，上面那位游戏主播决定升级网络设备，以确保直播期间网络的稳定性。为了使内容更加丰富，她制订了详细的内容计划，包括增加互动环节、观众参与的游戏和专题讨论。此外，她还创新性地设计了新的互动游戏，以提高观众的参与度。

六、实践与评估：实施改进措施并评估效果

1．步骤

（1）实施计划

在接下来的直播中，主播就可以按照之前制订好的改进计划，实施相应的措施。

（2）效果评估

在随后的直播结束后，主播还需要再次进行数据分析和收集观众反馈，以评估改进措施的效果。

2．实例

上面那位游戏主播在随后的直播中，实施了升级网络设备和丰富直播内容的计划。直播结束后，她注意到技术问题已得到解决，观众的互动频率有了显著提高。通过收集的反馈，她还发现观众对新增的互动游戏和内容感到满意，观众的整体满意度显著提高。

七、进行长期优化：持续改进和优化

1．步骤

（1）总结经验

在每次直播结束后，主播应总结经验，识别直播中的成功之处和待改进的地方。

（2）调整策略

根据经验总结和观众反馈，主播应不断调整和优化直播策略，以促进直播

间的持续发展。

2. 实例

上面那位游戏主播在每次直播后都会进行复盘，逐步调整和优化直播内容和互动方式。例如，她注意到观众对某些专题讨论的反响强烈，于是决定定期增加这类内容。同时，她也决定定期更新技术设备和软件，以保持最佳的直播质量，从而提升直播间的品质和销量。

直播复盘是一个系统性的过程，通过回看录播、分析数据、收集反馈、总结经验教训、制订改进计划、实践与评估、进行长期优化，主播可以不断提升直播质量，增强观众的参与感，提升他们的满意度。

通过遵循这些步骤，主播不仅能够解决直播中的问题，还能在每次直播中取得新的进步，持续吸引和留住观众。希望这些详细的步骤和实例能帮助各位初学者在直播复盘中取得更好的成效！

第七章

掌握直播电商的增收秘诀

7.1　流量入口掌控：吸引直播观众的秘诀

掌控电商直播的流量入口的秘诀涉及多个方面的策略和技巧。接下来，我们将通过分析几个具体的直播案例，探讨如何更有效地吸引、留住观众，以及最大化直播的影响力。

进入

留存

转化

案例1：小米手机的品牌化直播与社交媒体推广

1．品牌背景

案例公司：小米

目标：推广新款手机

2．策略与实施

（1）精准定位受众

小米通过深入分析用户数据，明确其目标受众主要是年轻的科技爱好者和注重性价比的消费者。

（2）多渠道宣传推广

社交媒体预告：小米在微博、微信和抖音等平台发布直播预告，内容包括直播时间、新款手机的特点、优势及优惠信息。

合作推广：与知名科技博主合作，提前发布新款手机的测评和试用视频，以吸引更多潜在顾客的关注。

3．直播内容优化

邀请专业人士：小米特别邀请了专业的科技博主和自家产品经理参与直播，他们详细讲解了手机的功能和优势。

互动环节：在直播过程中，小米专门设立了实时问答环节，观众可以提出关于手机的问题，主播即时回应并展示相关功能。

4．技术支持

为确保直播过程的顺利进行，小米公司配备了专业的直播技术团队，以确保直播流畅无阻。

5．后续跟进

在直播结束后，小米公司认真分析了直播的观看数据、互动情况和销售转化率，以优化后续的直播策略。

6. 最终效果

运用这些策略，小米成功吸引了大量观众，直播过程中销售额显著增长，品牌曝光度也得到了大幅提升。这些成果证明了这是一场成功的直播。

案例2：完美日记的互动式直播与激励机制

1. 品牌背景

案例公司：完美日记

目标：推广新系列化妆品

2. 策略与实施

（1）引人入胜的开场

完美日记的直播开场设计了一个化妆挑战环节，主播在限定时间内完成妆容。这种独特的形式激发了观众的好奇心和参与感。

（2）高质量的内容呈现

详细演示：在直播过程中，主播详细演示了新化妆品的使用方法和效果，并通过展示化妆前后的对比，有效提升了产品的吸引力，吸引了很多对化妆感兴趣的观众。

用户反馈：在直播过程中，主播鼓励观众在直播间分享他们对化妆品的看法，并根据观众的反馈实时调整直播内容，以提高互动性和观众的满意度。

3. 激励机制

（1）互动游戏

在直播期间，完美日记设计了一个互动游戏——"化妆问答"。观众通过回答与化妆相关的问题来赢取奖品，如优惠券和化妆品试用装等。

（2）抽奖活动

直播间里举办了专属抽奖活动，购买产品的观众有机会获得额外的奖励，这大大激发了观众的购买欲望。

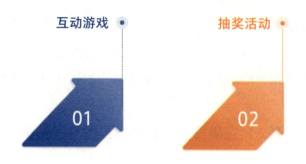

互动游戏 ●
抽奖活动 ●

01
02

4．直播后的跟进

对购买产品的观众进行满意度调查，并送上小礼品以感谢他们的支持。

5．最终效果

通过这些互动环节和激励机制，完美日记增强了观众的参与感和购买意愿，直播销售额达到了预期目标。同时，品牌的社交媒体互动量也大幅提升。这充分表明这是一场非常成功的直播活动。

案例 3：李宁运动鞋的独特直播体验与沉浸式技术

1．品牌背景

案例公司：李宁
目标：推广新款运动鞋

2．策略与实施

（1）创新直播形式

虚拟现实体验：李宁运用增强现实技术（AR），让观众能通过手机屏幕观赏运动鞋的 3D 效果，为观众提供了仿佛亲身体验的感觉。

场景化直播：在直播中，李宁设置了一个模拟的运动场景，主播在直播中进行实际的测试，直观展示了运动鞋的舒适性和性能。

（2）高效互动

在直播过程中，观众可以通过弹幕或评论区随时提问，主播和产品专家能即时在直播间回答，有效解答了很多观众关注的产品问题。这对于塑造运动品牌的专业性至关重要。

（3）积极推广与宣传

预告宣传：李宁在各大社交媒体平台提前发布了直播预告，透露了直播中将提供的独特体验和优惠信息。

联动活动：李宁还积极与运动员或知名博主合作推广，以扩大直播的影响力。

3. 技术保障

为确保直播中增强现实技术（AR）和场景布置的正常运作，避免因技术问题影响观众体验，直播现场配备了专业的直播技术人员。

4. 最终效果

通过沉浸式的直播体验和可靠的技术支持，李宁成功吸引了大量观众，直播期间销售额和品牌关注度都显著提升。

这些品牌直播间通过精准定位受众、多渠道宣传、高质量内容呈现、有效互动和技术支持等策略，成功地掌控了电商直播的流量入口。希望这些实际的操作案例能帮助初学者在自己的电商直播中取得成功！

在直播前如果能发布一条成功的扩散营销短视频，那么视频的曝光率越高，涌入直播间的观众数量就会越多。因此，对于直播间来说，提前发布扩散营销短视频非常重要。

一、引人入胜的故事

成功的扩散视频往往围绕一个独特的主题或引人入胜的故事展开。创意故事通常会触动观众的情感，让他们感到有趣、感动或惊讶。例如，如果目标是推广一款环保水瓶，那么目标受众可能是注重环保和健康的年轻人或中年人。

1. 设计情节

构思一个名为"瓶子的冒险"的短视频，讲述一只环保水瓶从生产到被不同的人使用的故事。视频可以从水瓶的视角出发，展示它在办公室、健身房、海滩等不同场合的使用。在每个场景中，都强调其环保的特性和实用性。通过幽默和富有创意的方式展示水瓶的多种用途，并配以动感音乐和引人入胜的旁白，整个故事充满了活力。

2. 运用技巧

故事性短视频应确保情节具有连贯性，并以明确的结局收尾。例如，在视频的结尾，水瓶与其"主人"一起完成了一项环保挑战，有效减少了塑料垃圾的产生。

二、"简单粗暴"类营销短视频

在扩散营销短视频中，强调产品的实用性和活动的优惠力度至关重要。这类视频的主要目的是迅速吸引观众的注意力，并激励他们采取行动，如购买产品或参与活动。

1. 突出产品的实用性

(1) 真实使用场景展示

在短视频中展示产品的实际使用效果是证明其实用性的直接方式。简洁明了的演示，可以展示产品的核心功能。例如，如果推广的是一款新型智能家居设备，那么可以展示它如何在实际环境中解决用户的痛点，如通过语音控制灯光和温度等。

(2) 用户体验分享

这类视频可以通过简短的访谈或用户评价来增加产品的可信度。视频中可以邀请真实用户分享他们的使用体验，并呈现他们的真实反馈。

(3) 案例分析——"魔术清洁布的惊人效果"

若想要展示一种高效清洁布在不同表面上的清洁效果，尤其是针对难以清洁的污垢，视频中可以采用对比展示的方式，呈现产品使用前后的明显差别，从而让观众直观感受产品强大的清洁能力。

2. 直观的性能数据

在视频中提供产品的性能数据或测试结果，可以帮助观众快速了解产品的优势。这可以通过以下方式实现。

（1）图表和数据展示

使用简洁的图表和数据来展示产品的优势。例如，展示一款电池续航时间更长的产品与市场上其他产品的对比数据。

（2）快速对比

通过与同类产品的快速对比来突出产品的优势。例如，展示一款新型吸尘器在清洁效率上的提升。

（3）案例分析——"超长续航的无线吸尘器"

在视频中展示一种无线吸尘器，它仅需充电一次便能清洁更多房间，或维持更长时间的工作状态。可以通过简洁的动画和数据对比来强调其续航优势，让观众一目了然。

3．突出活动优惠力度

（1）强调优惠的紧迫性

为了激发观众的购买欲望，必须突出活动的优惠力度和时间限制。例如，可以展示一个时限 72 小时的 50% 折扣活动，使用倒计时和显眼的折扣信息来吸引观众。视频结尾可以展示如何在购买过程中使用优惠码以获得折扣。

（2）详细的活动规则

提供清晰的活动规则和参与方式，能够帮助观众更好地了解并参与活动。例如，展示购买指定产品后即可获得豪华礼包的活动，视频中详细说明礼包的内容和领取条件，以及参与活动的条件和步骤。

（3）案例分析——"全能料理机限时特惠"视频

该视频展示了一款全能料理机的多种功能，如搅拌、研磨、蒸煮等，并通过实际演示和用户评价来证明其实用性。同时，视频在显著位置展示了一个限时优惠活动，包括 50% 的优惠折扣和赠品信息。视频结尾有活动倒计时和清晰的商品购买链接，旨在鼓励观众尽快行动。

一个成功的"病毒式"营销短视频往往具有高度的分享价值和传播力，能够迅速在社交媒体上引起关注和传播。因此，它是直播间的一个大流量入口。

7.3 投流要靠策略：集中火力攻占消费者"高地"

在抖音平台上，巨量引擎、千川和 Dou+ 是三个重要的投流工具，能够有效提升直播间的曝光量、互动率以及转化效果。接下来，我们将通过案例展示这三种工具的具体运用，希望能帮助各位新手主播更好地理解和运用这些投流方法。

一、巨量引擎：精准定位

1. 案例

一位时尚品牌主播即将发布新季新品。为了给这次发布会打造一个漂亮的开场，她决定在抖音上进行直播。她的目标是吸引更多对时尚感兴趣的年轻人观看直播，并激发他们的购买欲望，促使他们立刻购买。

2. 巨量引擎使用步骤解析

（1）精准定位受众

主播选择使用巨量引擎进行广告投放。巨量引擎像一位高明的魔法师，主播运用其强大的用户数据分析能力，精准锁定目标受众。主播选择了对时尚、穿搭、品牌新趋势感兴趣的用户群体，并根据他们的年龄段、性别和地域创建了广告系列。

（2）创作引人注目的广告

广告素材至关重要，因此上面那位主播制作了一段富有创意的视频，展示了新品的独特设计和直播活动的亮点，如明星嘉宾的参与和独家优惠。在制作这样的视频内容时，一定要确保它足够吸引人，以便用户在信息流中一眼就能看到你的直播预告。

（3）实时优化的神奇力量

广告上线后，上面那位主播利用巨量引擎的实时数据分析功能监控广告效果，包括点击率、观看时长和互动情况等。这些数据都会实时反馈给主播。主播还能根据这些数据不断调整广告策略，如优化文案、调整出价等。巨量引擎的算法就像是一位细心的顾问，帮助主播们不断提升广告的表现。

3．结果

通过巨量引擎的精准投放，上面那位主播的直播间迅速吸引了大量目标观众，点击率和观看量都大幅提升。新品发布会当天，直播间人气高涨，观众互动热烈，销售业绩超出了预期。巨量引擎的精准定位让主播的直播活动如虎添翼，成功地引爆了新品的市场。

二、千川智能助手：自动化改进

1．案例

一位主播计划对一款新推出的智能家居产品进行促销直播，目标是最大化提升直播观看量，并通过数据驱动的方式来优化广告效果。

2．千川智能助手使用步骤解析

（1）智能化的广告管理

这位主播选择使用千川进行广告投放，在千川平台上设置了广告投放计划，并设定了预算和目标。千川的智能系统能够根据实时数据自动调整广告的出价和受众定向，其智能算法就像是一个全天候工作的助手，帮助主播们获得最佳效果。

（2）数据驱动的广告优化

广告投放后，这位主播通过千川平台实时查看广告效果，包括点击率、转化率、用户互动等关键指标。千川的系统会自动优化广告投放。例如，如果某个受众群体的转化率较高，系统会自动增加对该群体的广告投放份额。

（3）实时调整，精益求精

这位主播利用千川的实时数据分析工具监控广告的表现，发现某个广告创意的点击率特别高，于是迅速调整预算，将更多的资源投入这个创意上。千川的智能优化功能帮助主播们在不断变化的市场中保持灵活和高效。

3．结果

得益于千川的自动化优化功能，这位主播的广告投放变得更加高效和精准，直播间观众的数量显著增加，互动率也有了明显提升，销售转化率达到了前所未有的高度。千川的智能助手确实为主播的直播活动带来了意想不到的成功。

三、Dou+ 曝光引擎：内容提升

1．案例

一位主播想利用 Dou+ 来推广一场直播试吃活动，目标是让更多美食爱好者看到这场直播，并吸引他们参与活动。

2．Dou+ 曝光引擎使用步骤解析

（1）提高内容曝光率

这位主播使用 Dou+ 来推广与试吃活动相关的短视频。在 Dou+ 平台上，主播设定了推广预算，并选择了对美食和餐饮内容感兴趣的受众。Dou+ 的作用就像是一个强大的曝光引擎，能大幅提升视频的自然展示量。

（2）精准触达受众

Dou+ 通过增加主播短视频的展示频率，将直播间的内容推送给更多潜在观众。观众在刷抖音时会更频繁地看到主播的直播预告和试吃活动的精彩片段，增加了他们点击进入直播间的概率。

（3）促进互动

Dou+ 不仅提升了视频的曝光量，还促进了用户的互动。观众看到了更多关于主播直播的内容，产生了浓厚的参与兴趣，评论和点赞量大幅增加。这种自然的互动能够提升直播间的活跃度和观众的参与感。

3．结果

Dou+ 的推广使得这位主播的直播试吃活动受到了广泛关注，直播间观众的数量显著增长，用户参与互动的热情也显著提升。这次活动的成功不仅提升了品牌的知名度，还实现了销售的显著增长。

在抖音直播的领域，巨量引擎、千川和 Dou+ 各有其独特的作用和优势：巨量引擎凭借精准的广告投放功能，帮助我们锁定目标受众；千川通过智能优化，确保广告投放的高效和精准度；而 Dou+ 则通过增加内容曝光量，自然地提升观众的参与度。这三者的结合使用，有助于我们在抖音平台上最大化提升直播间的曝光量、互动率和转化效果，为品牌推广活动注入强劲的动力。

7.4 推广策略设计：电商直播通用的市场营销战略

在数字化和互联网迅猛发展的今天，电商直播已成为品牌推广和销售的重要利器。许多企业选择通过电商直播进行新品发布，这样做不仅可以吸引大量潜在客户的注意，还能与他们建立更紧密的互动。

接下来，让我们以"李宁运动鞋新品发布"为例，深入探讨如何通过电商直播策略提升品牌知名度、增加产品销量并巩固用户忠诚度。

一、市场调研与目标设定

1. 市场调研

在策划直播之前，进行市场调研是至关重要的。

首先，初学者需要了解目标受众。假设李宁的新品运动鞋主要面向 18～35 岁之间的年轻人，这个群体包括大学生、刚踏入职场的年轻人和健身爱好者，他们通常对运动时尚有着独特的见解，注重品牌和质量，同时也渴望获得与众不同的穿搭体验。

其次，观察竞争对手的表现也同样重要。例如，安踏、361°等运动品牌已经在电商直播领域积累了丰富经验。初学者需要分析他们的直播内容、互动方式及推广策略，从中提取出成功要素，并结合李宁的品牌特色进行调整。

最后，了解电商平台的特点也是不可忽视的环节。抖音、淘宝等平台的直播各有特色，用户行为习惯也不同。我们需要选择最合适的平台，并了解其推荐机制，以最大化直播的曝光率。

2. 目标设定

为确保直播活动达到预期效果，初学者需设定明确的目标。这些目标通常包括以下几点。

（1）提升品牌知名度

初学者可以通过制作有趣且具有吸引力的直播内容，使李宁品牌及其新品运动鞋获得广泛曝光。

（2）增加产品销量

初学者应在直播前设定清晰的销售目标，利用直播的即时互动性来促进产品的销售。

（3）提高用户忠诚度

初学者可以通过与观众的互动并提供独特的购买体验，提高他们对李宁品牌的忠诚度。

二、直播内容策划

1. 直播主题

主题：李宁运动鞋新品发布 & 穿搭秀

该主题不仅能够展示新款运动鞋的设计亮点，还能通过模特的穿搭秀展示鞋款在不同场合的实用性，以进一步吸引观众的兴趣。

2. 内容规划

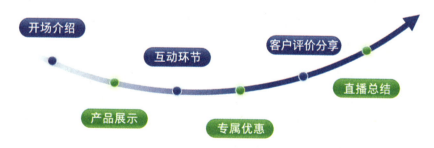

（1）开场介绍（5分钟）

主持人首先进行自我介绍，并简要介绍李宁品牌的历史和理念，让观众对品牌有全面的认识。同时，主持人宣布此次直播的主要内容和亮点，以激发观众的期待感。

（2）产品展示（15 分钟）

功能介绍：在直播中，详细讲解运动鞋的设计理念、创新材料和舒适性，如说明设计是如何提升运动表现的。

试穿效果：模特展示运动鞋在跑步、健身、休闲等不同场合的穿搭效果，通过实际使用场景展现产品的多样性和实用性。

（3）互动环节（10 分钟）

观众提问：开设实时问答环节，由主持人回答关于产品的各种问题，以增加互动性和参与感。

小游戏：设计与运动相关的互动小游戏，如猜鞋款、运动知识问答等，以增加趣味性并增强观众的参与感。

（4）专属优惠（5 分钟）

限时优惠：在此环节，主持人需要详细介绍直播期间的独家折扣或赠品，以刺激观众的购买欲望。

购买引导：主持人需要详细介绍如何使用优惠码，以及如何点击链接购买产品，并提醒观众抓紧时间下单。

（5）客户评价分享（10 分钟）

主持人可以在直播中播放已购买产品的客户评价视频，展示他们的真实反馈，以增加产品的可信度。甚至可以邀请部分客户到直播间或在线分享他们的使用体验，通过真实的评价来打消潜在客户的顾虑。

（6）直播总结（5 分钟）

主持人需要重申直播期间的优惠信息，提醒观众把握购买的最后机会，并鼓励观众关注李宁的社交媒体账号，以获取更多品牌资讯和未来的直播活动信息。

三、直播推广与宣传

1．前期宣传

（1）社交媒体平台选择

初学者可以在抖音、微博、微信等主流社交平台上发布直播预告，吸引更多人关注即将到来的直播。

（2）社交媒体内容发布

除了发布倒计时海报、预告视频和花絮片段吸引观众注意力外，初学者还可以邀请运动和时尚领域的网红提前试用新款产品，并分享相关内容，以此提高品牌曝光度。

（3）合作伙伴

品牌可以与健身房合作，利用他们的渠道宣传直播活动，如在健身房内张贴海报或通过健身房的社交平台进行推广。

品牌还可以与时尚博主合作推广产品，因为他们的粉丝群体与目标受众高度重合，这有助于提升直播的观看人数和互动率。

2．准备事项

（1）品牌社交媒体实时更新

在直播前，初学者应发布最终提醒，分享直播链接并提醒观众准时观看。直播期间，实时更新精彩片段，可以增强观众的参与感，吸引尚未观看直播的观众。

（2）平台推广投流

利用抖音的短视频功能和广告工具进行推广，提高直播的曝光率和观众参与度。精准的广告投放确保了内容能够触达目标受众。

7.5 数据复盘优化：
及时分析，精准拉动下一场直播数据

　　直播结束后的数据复盘分析是非常必要的。通过对直播数据的深入分析，电商主播可以识别成功要素，找出存在的问题，并制定针对性的改进措施，以优化下一场直播的表现。

一、数据分析

1. 观看数据分析

（1）观看人数

　　分析直播的总观看人数和峰值观看人数。如果发现某个时间段观众人数明显增加，可以考虑在未来直播中的这个时间段安排更多精彩内容。

（2）观看时长

　　分析观众的总观看时长和平均观看时长，以判断直播内容是否能够持续吸引观众的注意力。如果观众在直播中途离开，可能表明某个环节的内容不够吸引人或存在问题。

（3）案例分析

在一次运动品牌的直播中，如果主播发现前20分钟的观看人数较多，而后半段时间内观看人数显著下降，这可能说明前半段的内容较有吸引力，而后半段的内容则需要改进。那么，可以考虑增加更多互动环节或吸引人的内容，以延长观众的观看时间。

2. 互动数据分析

（1）评论数与点赞数

电商主播可以通过分析观众的评论数和点赞数来识别出受欢迎的内容和产品。例如，如果某款产品的评论特别多，这表明观众对该产品有较高的兴趣。那么，主播在未来的直播中可以更多地强调该产品。

（2）分享次数

分享次数（用户在其他用户或平台之间分享内容或进行转发的次数）能够反映内容的传播力和影响力。

（3）互动率

互动率（如评论数量与观看人数的比例）可以反映观众参与的程度。如果互动率较低，这可能表明直播的互动性不足，需要增加更多互动环节来提升观众的参与感。

（4）案例分析

在一次化妆品直播中，如果主播发现观众对某个化妆技巧的评论和点赞数量特别高，这表明这个环节特别受欢迎。那么在下一场直播时，就可以增加更多类似的技巧分享，或邀请专家进行详细讲解，以满足观众的需求。

3. 销售数据分析

（1）销售额和订单量

分析直播的销售额和订单量可以评估直播对销售的实际贡献。通过对比不同产品的销售数据，可以识别出最受欢迎的产品。未来，主播可以优先推广这些产品。

（2）成交转化率

成交转化率（实际购买人数与观看人数的比例）可以衡量直播的销售效果。转化率较低，表明尽管观众对产品的兴趣较高，但在转化为实际购买行为方面仍存在不足，可能需要优化销售策略或增加促销活动。

（3）客单价

分析客单价（每个订单的平均金额）可以了解观众的消费能力和购买倾向。如果发现客单价较低，可以考虑在直播中提供更多高价位的产品或实施捆绑销售优惠。

（4）案例分析

在一次家电产品的直播中，如果发现某款产品的销售额非常高，但成交转化率不如预期，这可能意味着该产品虽然具有吸引力，但观众的购买决策可能受到价格或促销策略的影响。因此，在下一场直播时，主播可以尝试提供更多的优惠活动或分期付款选项，以提高转化率。

4．流量数据分析

（1）流量来源分析

分析观众的流量来源渠道（如社交媒体、广告投放、平台推荐等），可以了解不同渠道的效果，电商主播们需要优化流量来源策略，将更多资源投入效果较好的渠道。

（2）广告效果

电商主播们可以通过分析广告的点击量和转化效果来评估广告投放的 ROI（投资回报率），适当调整直播间的广告投放策略，增加对高效广告的投入。

（3）案例分析

假设在一次美妆产品的直播中，主播发现通过社交媒体广告带来的观众转化率较高，而平台推荐的效果相对较差。未来，主播就可以增加在社交媒体上的广告投入，同时优化平台推荐的策略，提高整体流量的转化率。

二、问题识别与改进

1．内容问题

通过数据分析，电商主播可以更准确地识别直播内容中的问题。例如，如果观众在某个环节离开较多，可能是因为该环节内容不够吸引人或节奏不够流畅。那么，在未来的直播中，主播就可以改进内容设计，增加更多吸引人的元素，如新品试用、专家讲解等。

例如，在一次电子产品的直播中，如果发现产品介绍环节的观众流失率较高，可以考虑在下一场直播中采用更加生动的演示方式，如现场试用或与观众互动的形式，提高观众的参与度。

2．互动问题

如果互动数据不如预期，可能说明直播中的互动环节不足或互动方式不够吸引人。电商主播可以增加更多的互动环节，如实时问答、抽奖活动、观众投票等，提升观众的参与感和黏性。

例如，在一次服装直播中，如果主播发现互动评论较少，可以在下一场直播中增加观众提问环节，并通过回答观众的问题来提高互动率。同时，直播中可以设置一些小奖励，鼓励观众参与评论和互动。

3．销售策略问题

如果销售数据不理想，电商主播可能需要调整销售策略。优化促销活动、调整价格策略、增加产品种类等都是提高销售额的有效措施。

例如，在一次运动鞋直播中，如果发现尽管观众对产品很感兴趣，但销售转化率较低，那么主播就可以在下一场直播中尝试推出限时折扣或举办"买一送一"等促销活动，增加观众的购买欲望。

第八章

电商直播中常见问题解析

8.1 小店运营：售后服务注意事项

在抖音小店的运营中，售后服务是提升顾客满意度和增强品牌信誉的关键因素。良好的售后服务不仅能有效地解决客户问题，还能提升客户的忠诚度和复购率。

一、明确退换货政策

1．必要性

在运营抖音店铺时，明确的退换货政策是提升客户满意度的基础。政策应

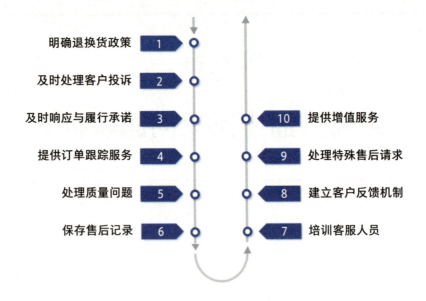

详细说明退货条件、换货流程、退款方式等，并须符合法律法规和平台规定。透明的政策能有效减少因不了解退换货规则而引发的争议。

2．案例

如果你在抖音小店销售的服装需要提供退换货服务，应在店铺页面清晰地标明退换货政策。例如："收到商品后 7 天内可申请退换货，但须保持商品标签和原包装完好，退换货运费由买家承担。"

二、及时处理客户投诉

1．必要性

客户投诉处理的时效性和效率会直接影响客户体验。处理投诉时，应保持冷静、礼貌，并迅速采取行动解决问题。优质的服务态度和有效解决问题的能力是建立客户信任的关键。

2．案例

如果一个客户购买了你的电子产品，但在使用过程中发现产品存在功能故障，并通过抖音私信联系客服表达了不满。在这种情况下，客服应在 24 小时内回复。首先，客服应表示歉意，然后提供解决方案，如安排产品的免费维修或更换，并详细指导客户如何进行返修操作。

三、及时响应与履行承诺

1. 必要性

在售后服务中，及时响应客户的请求至关重要。如果处理时间过长，可能导致客户不满和负面评价。应制定合理的处理时效，并在可能的情况下提前完成承诺，以展现企业的服务承诺和责任感。

2. 案例

如果你的抖音小店承诺在 5 个工作日内处理退款，某客户在收到不合适的商品后申请了退款。你的店铺应在承诺的时间内完成退款处理，并在处理过程中向客户提供进度更新，确保客户了解退款的最新状态。如果因特殊情况导致处理时间延迟，应主动联系客户，解释原因，并提供预计完成时间，以减少客户因长时间等待而产生的不满。

四、提供订单跟踪服务

1. 必要性

提供订单跟踪服务可以让客户实时了解订单状态，增加购物的透明度和信任感。可以利用平台的物流追踪工具或第三方物流服务提供准确的配送信息。

2. 案例

如果客户在抖音小店内购买了你销售的家居用品，订单发货后，系统将通过店铺后台自动将物流信息推送给客户，并附上实时查询物流状态的链接。客户在查询订单时能看到详细的物流进度，如"已发货""在途中"或"已送达"。如果客户有物流问题，可以随时联系客服进行确认和求助。

五、处理质量问题

1. 必要性

质量问题是售后服务中最常见的投诉类型。当你在售后过程中遇到客户反馈产品质量问题时，应认真对待，详细检查问题原因，并采取合理的补救措施，如提供退换货服务、补偿或技术支持。

2. 案例

如果你的店铺销售的护肤品出现了质量问题，部分客户反馈使用后出现了过敏现象。你的店铺应立即下架该批次产品，同时对其进行质量检测，确保问题得到解决后再重新上架。对于出现过敏的客户，可以提供一定的补偿或优惠券，以表歉意。这有助于增强客户信任并维护品牌形象。

六、保存售后记录

1. 必要性

保存详细的售后服务记录对于跟踪客户问题的解决过程和结果至关重要。这些记录不仅有助于分析常见问题，还能为未来的服务改进提供数据支持。

2. 案例

在处理售后请求时，你的店铺应记录客户的姓名、订单号、问题描述、采取的处理措施和结果等信息。如果发现某种类型的商品退货率较高，这可能是因为产品设计上存在缺陷。基于这些数据，你可以与供应商沟通，寻求改进措施，以减少未来的退货情况。

七、培训客服人员

1. 必要性

对客服人员的培训对于提供高质量的售后服务至关重要。培训内容应包括沟通技巧、产品知识、产品常见问题及其解决方法等，以提高客服在处理售后纠纷时的专业水平和服务能力。

2．案例

你的店铺应安排定期的客服培训，内容涵盖如何处理客户不同类型的问题，如退换货请求、质量投诉等。模拟演练和案例分析，可以提高客服人员的应对能力和服务态度。

八、建立客户反馈机制

1．必要性

建立客户反馈机制有助于了解客户最真实的需求和体验。通过定期收集客户反馈，可以持续改进产品和服务，有效提升小店顾客们的整体满意度。

2．案例

在每次订单完成后，你的店铺应自动发送满意度调查问卷给客户，内容包括对产品质量、物流服务、客服体验等方面的评价。如果根据客户的反馈发现大多数客户对配送速度满意，但对产品的包装不太满意，那么你可以根据这些反馈优化包装设计，提升客户的整体购物体验。

九、处理特殊售后请求

1．必要性

对于特殊的售后请求，如损坏商品的赔偿、异地退货等，需要制定应对特殊情况的政策，并能够灵活应对，确保客户在遇到特殊问题时能得到合理的解决方案。

2．案例

如果客户在收到商品后发现商品在运输过程中损坏，店铺应提供免费的上门取件服务，并为客户提供全新的替换商品。

十、提供增值服务

1．必要性

增值服务不仅能提升客户体验，还能显著提高客户的忠诚度。例如，提供延长保修期、免费安装、耗材终身赠送等增值服务。

2．案例

对于店铺销售的家电产品，可以提供免费的延长保修期或上门安装服务。购买产品后，客户可以享受免费的一年延长保修服务，或者在购买时选择免费的上门安装服务。

8.2 直播变现策略：多渠道收入最大化的方法探索

直播行业的迅猛发展为主播们提供了多种实现收入最大化的途径。以下是一些适合新手主播的具体策略。

一、互动打赏与付费订阅

1. 互动打赏

在斗鱼平台上，主播"X辰"通过设置虚拟礼物奖励机制来增加打赏收入。她提供了不同档次的虚拟礼物，如"玫瑰花"和"跑车"，并在直播中与观众互动，感谢打赏者。她还设立了每月打赏榜单，给予排名靠前的观众特别的关注和福利，成功吸引了大量观众参与打赏，提高了收入。

2. 付费订阅

在快手平台上，主播"李XX"推出了"超级会员"功能，提供独家的制作教程和互动直播。她定期发布高质量的内容，如特别的烹饪技巧视频和后台花絮，让订阅者感到物有所值，从而提高了会员订阅的留存率和付费意愿。

二、品牌合作与广告

1．与品牌合作

在淘宝直播平台上，主播"张XX"与多个品牌合作进行产品推广。例如，她与某化妆品品牌合作，在直播中使用并介绍该品牌的产品。这种合作不仅为品牌带来了曝光，也为主播带来了丰厚的赞助收入。此外，直播前的品牌宣传和合作活动，也提升了品牌的市场认知度。

2．平台广告分成

在B站（哔哩哔哩）上，主播"小X"通过平台的广告分成政策获得收入。他在直播中插播了一些品牌广告，并利用平台提供的广告分成机制，成功增加了广告收入。同时，他还与品牌合作开展了一些特定的广告推广活动，如在直播中举办品牌赞助的互动游戏，进一步拓宽了收入来源。

三、虚拟商品销售

1．设置虚拟礼物

在虎牙直播平台上，主播"吴X"通过销售虚拟礼物（如"豪车"）获得收入。他在直播中展示了虚拟礼物的特别效果，并通过一些互动环节鼓励观众赠送虚拟礼物，如他会根据虚拟礼物的数量进行特别的互动或回馈小礼物。

2．销售虚拟物品

某游戏主播"阿X"在直播中销售独特的游戏皮肤和虚拟装备，这些商品只能通过主播的专属频道购买。这些虚拟物品设计独特，受到粉丝的热烈追捧。"阿X"通过与游戏开发商合作，推出了限量版的虚拟商品，从而增加了销售收入。

四、内容付费

1．制作会员专属内容

在小红书平台上，主播"美妆博主AnXX"通过提供高质量的化妆教程和独家化妆技巧视频获得收入。她将这些内容设置为会员专属，仅限付费订阅者观看。AnXX还会定期更新这些内容，并在直播中进行互动问答，进一步提升了会员的付费意愿。

2. 制作付费视频

在微信视频号上，主播"张X"发布了系列化的生活纪录片和幕后花絮，这些内容仅限付费用户观看。通过设置观看权限并定期更新内容，张X成功吸引了大量用户进行付费订阅，从而增加了稳定的收入。

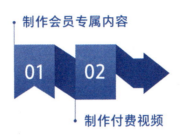

制作会员专属内容
01 02
制作付费视频

五、品牌周边销售与电商合作

1. 销售品牌周边商品

在淘宝直播平台上，主播"李XX"通过自营电商平台销售品牌周边商品，如化妆品和日常生活用品等。他定期推出限量版商品和独家合作款，并通过直播推广及线上活动吸引粉丝购买。这种方法不仅能有效增加销售量，还能提升品牌影响力。

2. 与电商平台联动推广

某时尚主播"张XX"通过与电商平台合作，推广时尚单品并设置推荐链接。在直播中，她介绍不同品牌的时尚单品，并提供购买链接，邀请观众通过这些链接下单。观众通过链接购买后，张XX获得了佣金收入，同时也助力品牌提升了曝光度。

六、多平台投入

1. 多平台直播

某游戏主播"老X"在斗鱼、快手和B站（哔哩哔哩）等多个平台进行直播，以此扩大观众基础。他整合了各平台的直播内容，并通过广告分成、打赏和品牌合作等方式增加收入。这种跨平台运营策略帮助他在各个平台上建立了稳定的观众群体。

2．多平台发布

某娱乐主播"阿X"将直播内容发布到微信视频号、抖音和小红书等平台，并根据每个平台的特点进行内容的优化。例如，在抖音发布短视频，在小红书发布图文和小视频，并在微信视频号进行直播互动。

七、社交媒体推广与跨界合作

1．利用社交媒体推广

主播"李XX"通过微博、微信和抖音等社交媒体平台推广她的直播和视频。她定期发布与直播相关的预告和幕后花絮，并与粉丝进行互动，回答粉丝的问题，分享粉丝的支持。

2．跨界合作

在直播平台上，主播"刘XX"与其他热门主播如"冯XX"进行跨界合作，联合举办了一场特别的音乐直播活动。这种合作不仅吸引了双方的粉丝参与直播，扩大了观众基础，还带来了更多的打赏和品牌合作机会，从而提高了收入水平。

八、其他收入策略

1．多元化收入模式

主播"罗XX"通过多元化的收入模式成功地拓展了收入来源。他不仅通过直播获得打赏，还与多个品牌合作进行推广，销售虚拟商品和实物商品，并利用社交媒体进行广告宣传。

2．数据监控与策略优化

某电竞主播"东XX"利用数据分析工具深入分析观众的观看习惯和打赏行为。他发现在特定时间段播出特定类型的内容更能吸引观众，于是调整了直播时间和内容，并优化了打赏和广告策略。

8.3 应对负面情况：妥善处理网络暴力和客户不满

在直播平台上，主播面临的挑战不仅仅是提供有趣的内容，还包括妥善处理直播过程中可能出现的负面情况，如网络暴力和客户不满。有效处理这些问题不仅能维护主播的形象，还能提升观众的体验和满意度。

一、处理网络暴力

实时监控与操作 01
保持冷静与专业 02
03 提供反馈渠道
04 寻求平台支持

1. 实时监控与操作

（1）策略建议

设置关键词过滤器：大多数直播平台允许设置关键词过滤器，自动屏蔽含有恶意词汇的评论。主播应根据平台的功能，设置合适的关键词，屏蔽常见的侮辱性或攻击性语言。

管理评论：利用直播平台的管理工具，可以手动删除不当评论，并对发布者进行封禁。

（2）案例展示

某主播在直播过程中发现有用户使用侮辱性语言攻击他，该主播立即通过平台管理工具删除这些评论，并联系官方客服将相关用户封禁。为了防止类似情况再次发生，主播使用了关键词自动过滤功能，直接屏蔽含有辱骂、侮辱和带有攻击性词汇的评论。此外，主播在直播中还保持了冷静，避免在用户情绪激动时回应这些负面评论，以防止争议激化。

2. 保持冷静与专业

（1）策略建议

避免回应恶意评论：面对恶意评论时，主播应避免与负面评论者进行正面冲突，因为回应可能会引发更多争议，破坏直播气氛。

维护积极氛围：主播可以通过转移话题，继续进行正面、积极的互动，以保持直播间的良好氛围。

（2）案例展示

在一场直播中，主播发现有观众发布恶意言论。主播没有直接回应这些评论，而是继续与其他观众互动，分享有趣的内容或讨论积极的话题。同时，主播通过感谢那些提供正面反馈的观众，强化了直播间的积极氛围。

3. 提供反馈渠道

（1）策略建议

建立反馈机制：主播应在直播间设置一个反馈渠道，如提供专门的反馈表单或邮箱，以便观众能够提交意见和建议。

认真处理投诉：对于通过反馈渠道收到的投诉，主播应给予重视，并采取积极、及时的措施进行处理，千万不要置之不理。

（2）案例展示

某主播在直播间设置了反馈链接，使观众可以通过该链接提交他们的意见和建议。在收到观众对直播内容的不满反馈后，主播及时进行了分析，并在后续的直播中调整内容，以更好地满足观众的需求。

4．寻求平台支持

（1）策略建议

及时报告问题：当遭遇严重的网络暴力事件时，主播应迅速向直播平台报告，以获取平台的技术支持和客服团队的协助。

有效利用平台工具：主播应充分利用平台提供的工具进行内容审查和投诉处理。

（2）案例展示

在一次直播中，主播遭遇了严重的网络暴力攻击，有用户发布了威胁性言论。主播立即通过平台的"举报"功能进行了投诉，并将相关证据截图保存。随后，主播联系了平台客服，请求对涉事用户进行封禁，并采取了进一步措施以保护直播间的安全。

二、处理客户不满

01 倾听并回应　02 提供解决方案　03 调整直播内容　04 培训与协作　05 建立积极的社区文化

1．倾听并回应

（1）策略建议

积极倾听：主播应认真倾听观众的不满和建议，避免敷衍或忽略他们的问题，展现出谦虚和真诚的态度。

及时回应：主播应尽量在直播过程中及时、理性、温和地回应观众的反馈，以显示对观众意见的重视。

（2）案例展示

某主播在直播过程中收到观众关于直播内容单一的反馈。对此，主播立即在直播中表示感谢，并询问观众希望看到的内容或活动类型。

2．提供解决方案

（1）策略建议

解决问题：主播应根据观众的反馈提供具体的解决方案。

采取补偿措施：如果观众因某些问题感到不满，主播可以考虑提供补偿措施，如赠送小礼物或优惠券。

（2）案例展示

在一次直播过程中，因技术故障导致该直播间的画质表现不佳，引发了观众的不满。面对这种情况，主播在直播中公开承认问题，并表示正在解决，同时提供了一些补偿措施，如通过抽奖活动送出小礼物，以此表达歉意，从而挽回了部分观众。

3．调整直播内容

（1）策略建议

适时调整内容：根据观众的反馈，主播应适时调整直播内容，以更好地满足观众的期待。

优化互动方式：改善与观众的互动，以提升他们的参与感和满意度。

（2）案例展示

某主播收到观众关于直播内容重复的反馈后，主动询问观众希望看到的内容类型，并根据反馈引入了新的内容。

4．培训与协作

（1）策略建议

定期培训：定期对主播进行培训，提升其应对客户不满的能力和技巧，包括沟通能力和危机处理能力等。

团队协作：确保主播背后有一个支持团队，能够协助处理客户问题，并提供实时支持。

（2）案例展示

某直播团队定期组织内部培训，模拟处理各种客户投诉的情景，以提升主播应对复杂情况的能力。培训内容包括如何处理负面评论、如何与观众有效沟通等。

5．建立积极的社区文化

（1）策略建议

建设正向社区：通过积极的互动和社区建设，培养良好的观众文化素养，减少负面情绪的传播。

传递正能量：在直播中传递正能量，营造友善、积极的互动氛围。

（2）案例展示

在一次直播中，主播鼓励观众分享他们的正面体验和有趣的故事，成功营造了积极友好的社区氛围。

8.4 跨文化交流策略：
吸引不同文化背景观众的方法

在全球化的背景下，直播平台已成为跨文化交流的重要场所。当前，主播面临的挑战是如何有效地吸引并持续吸引拥有不同文化背景的观众。以下是一些跨文化交流策略。

了解文化差异	多语言支持	文化多样性展示	互动与反馈	尊重与包容
01	02	03	04	05

一、了解文化差异

1. 研究文化背景

（1）策略建议

了解观众的文化习俗：主播应提前研究目标观众的文化习俗和节日，以确保直播内容的相关性和适宜性。

避免文化禁忌：主播应避免在直播中提及可能引起争议的文化禁忌或敏感话题，如某些国家对宗教或政治话题的严格规定。

（2）案例展示

某传统文化主播希望吸引亚洲市场的观众，他发现中秋节在中国文化中非常重要。于是，在中秋节前夕，他特别策划了一期关于中秋节传统食品和庆祝活动的直播节目。为了避免冒犯，他在直播前仔细研究了与中秋节相关的文化背景，确保节目的内容尊重中国的习俗。

2. 调整内容风格

(1) 策略建议

文化适配：根据不同文化的偏好调整直播内容。例如，西方观众可能更喜欢幽默和轻松的内容，而亚洲观众可能对深度讨论和教育类内容更感兴趣。

节日特别节目：制作与观众文化相关的节日特别节目。例如，在印度的排灯节期间，可以制作介绍节日习俗和庆祝活动的特别节目。

(2) 案例展示

一位全球性的游戏主播为了吸引非洲观众，特意了解了非洲的一些重要节日和习俗。在直播中，他融入了非洲音乐和舞蹈元素，并邀请了来自非洲的嘉宾分享他们的节日庆祝活动。这种文化适配增强了观众的亲切感，并吸引了更多非洲观众的参与。

二、多语言支持

1. 提供多语言字幕

(1) 策略建议

利用自动翻译功能：主播可以利用直播平台的自动翻译功能，提供实时字幕，帮助非母语观众理解内容。

提供多语言字幕选项：如果条件允许，主播应在直播间提供多种语言的字幕选项，让观众能够选择自己熟悉的语言观看。

(2) 案例展示

一位科技直播频道的主播为了吸引国际观众，开启了多语言字幕功能。他的直播内容包括技术讲解和产品评测，字幕功能支持英语、法语、西班牙语等多种语言。这种做法使得不同语言背景的观众都能无障碍地理解内容，从而提高了节目的全球观看率。

2. 多语言互动

(1) 策略建议

学习基本用语：主播应学习并使用观众的主要语言进行简单的问候和互动，以增加自己在直播间的亲和力。

设置多语言聊天室：在直播平台上设置多语言聊天室，方便不同语言的观众交流和互动。

(2) 案例展示

一位旅游直播主播为了吸引来自不同国家的观众，学习了简单的问候语，如中文的"你好"、法语的"Bonjour"、西班牙语的"Hola"。主播在直播开始时用这些语言向观众打招呼，并在直播过程中回应不同语言的观众评论。这种互动方式极大地提升了不同地区观众的参与感和亲切感。

三、文化多样性展示

1. 介绍文化特色

(1) 策略建议

分享文化故事：主播可以在直播中分享不同文化的故事、习俗和传统，以展示对多样性文化的尊重。

展示文化特色：主播可以介绍不同国家的传统食物、节日庆典等，让观众了解多种文化的不同特色。

(2) 案例展示

某美食主播为了吸引全球观众，在节目中介绍了不同国家的传统美食和饮食文化。例如，在介绍意大利美食时，主播不仅展示了制作意大利面的步骤，还分享了有关意大利餐饮文化的有趣故事。这种做法让来自不同文化背景的观众感受到了多样的文化魅力。

2. 邀请国际嘉宾

(1) 策略建议

跨国合作：主播可以与来自不同文化背景的嘉宾合作，进行文化交流和讨论，以此丰富直播内容。

国际采访：主播可以邀请国际嘉宾进行访谈，分享他们的文化和经验，拓宽节目的国际化视野。

（2）案例展示

一个直播娱乐频道定期邀请来自世界各地的嘉宾参加节目。例如，在一个全球音乐主题的节目中，主播邀请了来自不同国家的音乐家进行现场演出和访谈。

四、互动与反馈

1. 鼓励文化交流

（1）策略建议

设置互动环节：主播可以在直播中设置互动环节，鼓励观众分享他们的文化和个人故事。

组织文化问答：主播可以组织文化问答游戏，以此加深观众对不同文化知识的了解，并通过互动提高观众的参与度。

（2）案例展示

某教育直播主播在节目中设置了"文化交流"环节，邀请观众分享他们的文化故事。主播还组织了一个文化知识问答比赛，观众可以通过回答问题赢取奖品。

2. 处理反馈

（1）策略建议

认真倾听：主播应认真倾听不同文化背景观众的反馈，理解他们的需求和期望。

适时调整：根据观众的反馈，主播应适时调整直播内容和形式，以更好地满足他们的需求。

（2）案例展示

某游戏直播主播在直播结束后，通过社交媒体收集观众的反馈。了解到一些来自不同文化背景的观众对节目内容的期望后，主播根据这些反馈调整了节目安排。例如，增加了多样化的游戏内容和国际化的游戏讨论，成功吸引了更多的全球观众。

五、尊重与包容

避免敏感话题 VS 展现包容心态

1. 避免敏感话题

（1）策略建议

慎重选择话题：主播应尽量避免讨论可能引起争议的敏感话题，如宗教和政治等，以免冒犯不同文化背景的观众。

保持中立：在涉及敏感话题时，主播需保持中立和客观的态度，尊重不同文化观众的观点和意见。

（2）案例展示

某科技直播主播在直播中避免讨论政治或宗教话题，以保持节目的中立性和包容性。他专注于科技产品的评测和讨论，确保观众能够在一个友好、无争议的环境中享受内容。

2. 展现包容心态

（1）策略建议

尊重不同观点：主播应尊重观众的不同观点和文化背景，避免对任何文化持有偏见或歧视。

积极回应：对观众提出的文化相关的问题和评论，主播应给予积极和尊重的回应。

（2）案例展示

某直播平台的主播在节目中遇到不同文化背景观众提出的意见和建议时，始终以尊重和包容的态度回应。例如，当有观众提出节目内容可能不符合他们的文化期待时，主播虚心接受了建议，并表示会考虑调整节目内容，以更好地满足各文化背景观众的需求。

8.5 实用方案指南：直播电商实用交互模板及 SOP

以下是一套详细的电商直播 SOP（标准操作流程），涵盖了从直播前的准备到结束后的全程跟进，希望初学者能够牢牢掌握。

第一阶段：直播前的准备

1. 计划与策略

（1）目标设定

想要打造一场效果不错的直播，主播需提前设定直播的目标，如提升品牌知名度、推动产品销量、推广新产品或活动，并设定具体的 KPI（关键绩效指标），如预期观看人数、销售额、互动数量等。

（2）确定主题和内容

想要打造一场效果不错的直播，主播需提前确定直播的主题和内容方向，如新品发布、季节性促销、限时抢购等，并根据目标受众的兴趣和需求制定直播内容。

（3）受众分析

想要打造一场效果不错的直播，主播需提前了解目标观众的年龄、性别、兴趣爱好等，并分析他们的购物习惯和偏好，以便更精准地制定更符合他们需求的直播内容和互动方式。

2. 产品准备

（1）选择产品

想要打造一场效果不错的直播，主播需在开播前确定推广的产品，确保产品质量优良且库存充足。同时，选择市场潜力大的产品，或具有独特卖点的新品。

（2）准备产品资料

想要打造一场效果不错的直播，主播需在开播前需准备详细的产品资料，包括产品介绍、功能特点、使用方法、客户评价等。同时，提前整理好产品的高质量图片和视频，以便在直播中进行展示。

3．检查设备与环境布置

（1）检查摄像头

想要打造一场效果不错的直播，主播需选择高分辨率摄像头以确保图像清晰稳定，并检查摄像头的位置和角度，以获得最佳的拍摄效果。

（2）检查麦克风

想要打造一场效果不错的直播，主播应选择专业的麦克风，确保声音清晰、无杂音。同时，测试麦克风的音量和质量，避免音频问题影响直播效果。

（3）检查灯光

想要打造一场效果不错的直播，主播应尽量使用柔光灯或环形灯，避免光线过强或过弱，并调整光线角度，以确保直播画面明亮且均匀。

（4）检查环境布置

想要打造一场效果不错的直播，主播需选择一个安静、整洁的直播空间，并布置符合品牌风格的背景，如品牌标识、产品展示架等。同时，确保环境无干扰，以保持直播的专业性。

4．直播内容准备

（1）脚本撰写

想要打造一场效果不错的直播，主播应提前撰写详细的直播脚本，包括开场发言、产品介绍、互动交流、购买引导等。脚本应包含具体的时间安排和每个环节的要点，以保证直播流程顺畅。

（2）素材准备

想要打造一场效果不错的直播，主播应提前准备好宣传图片、视频剪辑、产品演示等素材，并确保所有素材质量上乘，且能够在直播中顺利播放。

5. 宣传与推广

（1）发布直播预告

想要打造一场效果不错的直播，主播需在开播前通过微博、抖音等社交媒体，以及微信群、邮件列表等社交渠道发布直播预告。预告内容应包括直播时间、主题、亮点和优惠信息。

（2）制作宣传内容

想要打造一场效果不错的直播，直播前应制作具有吸引力的宣传海报、短视频或图文内容，以提升观众对直播的兴趣和参与度。宣传内容应突出直播的独特卖点和观众的利益点。

第二阶段：直播中的操作

1. 开场发言

（1）自我介绍

想要打造一场效果不错的直播，开场时的自我介绍不可少："大家好，我是 [主播名字]，欢迎来到我们的直播间。今天，我们将一起探索 [直播主题]，并带来许多精彩的内容和优惠！"

（2）内容预告

想要打造一场效果不错的直播，开场时的内容预告不可少："今天，我们将介绍 [产品类别 / 具体产品]，详细讲解它们的特点和使用方法。此外，还有特别的优惠活动等着大家！"

（3）互动引导

想要打造一场效果不错的直播，开场时的互动引导不可少："请大家在评论区告诉我你们最期待的产品是什么，如果有任何问题也可以随时提问，我们会实时为大家解答！"

2. 产品介绍

（1）产品讲解

想要打造一场效果不错的直播，主播应对每款产品进行详细讲解，包括其主要功能、使用方法和优势特点等。例如："这款 [产品名] 具有 [功能 / 特点]，非常适合 [目标用户 / 使用场景]，它的 [优势] 能让你体验到 [效果]。"

（2）使用演示

想要打造一场效果不错的直播，主播应演示产品的实际使用效果或功能，并展示操作方式，强调其使用便捷性和效果。例如："现在，我来演示一下这款产品的 [功能]，你们可以看到它如何 [具体效果]。"

3．互动交流

（1）鼓励互动

想要打造一场效果不错的直播，主播应鼓励观众在评论区提问，并及时、积极地回应，以增加互动性。例如："有朋友问到这款产品的 [具体问题]，其实它的 [特点] 是这样设计的。"

（2）引导评论

想要打造一场效果不错的直播，主播应鼓励观众在评论区留言、点赞和分享，以提升观众参与度。例如："如果你对其他产品也有兴趣，请留言告诉我，我们会安排更多相关内容。"

（3）举办互动活动

想要打造一场效果不错的直播，主播可以举办抽奖、竞赛等互动活动，增加观众的参与感。例如："接下来，我们将进行一个活动，只要在评论区回复 [关键词]，就有机会获得小礼品！"

4．购买引导

（1）提供购买链接

想要打造一场效果不错的直播，主播应提供清晰的购买链接或二维码，以方便观众直接购买。例如："点击屏幕下方的链接，即可进入购买页面，选购你喜欢的产品！"

（2）设置限时优惠

想要打造一场效果不错的直播，主播应强调直播期间的特别优惠或折扣，以激发观众的购买欲望。例如："今天购买这款产品还有 [优惠信息]，优惠时间有限，赶紧行动吧！"

(3) 说明购买流程

想要打造一场效果不错的直播，主播应详细说明购买流程，以确保观众能够顺利完成购买。例如："选择你喜欢的产品，点击'立即购买'，然后按照提示完成支付即可。"

第三阶段：直播后的操作

1. 总结与感谢

(1) 内容总结

想要打造一场效果不错的直播，主播应及时总结直播内容，回顾产品亮点和优惠信息。例如："今天我们介绍了[产品]，希望大家都能喜欢！千万不要错过今天的优惠活动哦！"

(2) 表达感谢

想要打造一场效果不错的直播，主播应感谢观众的参与和支持，表达感激之情。例如："感谢大家的陪伴和支持，今天的直播非常成功，我们下次再见！"

2. 数据分析

(1) 观众数据

想要打造一场效果不错的直播，主播应分析直播期间的观众数据，如观看人数、平均观看时长、互动次数等，并使用数据分析工具来查看直播效果。

(2) 销售数据

想要打造一场效果不错的直播，主播应统计直播期间的销售数据，包括成交量、销售额、转化率等，以评估直播对销售的实际影响。

(3) 反馈意见和建议

想要打造一场效果不错的直播，主播应收集并分析观众的反馈意见和建议，了解他们的观看体验和对产品的看法。这可以通过问卷调查、评论区留言等方式进行。

3. 服务与关系维护

(1) 售后服务

想要打造一场效果不错的直播，主播应积极处理售后问题，如退换货、退款等，确保客户在购买后的体验同样良好，从而维护品牌信誉。

(2) 客户回访

想要打造一场效果不错的直播，主播应抽空对购买过产品的客户进行回访，了解他们的使用体验和满意度，并提供额外的支持或优惠，从而增强客户黏性。

第四阶段：直播后的优化与改进

1. 评估与优化并行

(1) 成效评估

想要持续打造效果不错的直播，主播应认真评估直播中出现的问题和成功的经验，记录下直播过程中遇到的困难和解决办法，以备下次参考。

(2) 效果优化

主播应根据观众反馈和数据分析结果提出改进建议，持续优化直播内容、互动方式和购买引导，以提升整体直播效果。

2. 技能提升

(1) 学习新技巧

想要持续打造效果不错的直播，主播应不断学习新的直播技巧和工具，关注行业动态和热门直播案例，以借鉴成功经验，提升直播效果。

(2) 培训与实践

想要持续打造效果不错的直播，主播应参加相关培训或实践，如直播课程、工作坊等，以提高自己的直播技巧和表现能力，从而提升直播的专业性。

3. 优化与改进注意事项

(1) 技术保障

想要持续打造效果不错的直播，主播应确保设备正常运作和网络稳定，并准备备份设备和备用网络以确保直播的连续性，避免因技术问题中断直播。

(2) 合规经营

想要持续打造效果不错的直播，主播应遵守相关法律法规和平台规则，确保直播内容合法合规，避免涉及违法广告或虚假宣传。

(3) 持续优化

想要持续打造效果不错的直播，主播应根据直播数据和观众反馈，持续优化直播内容和流程，定期评估直播效果，并不断调整策略，以适应市场需求。

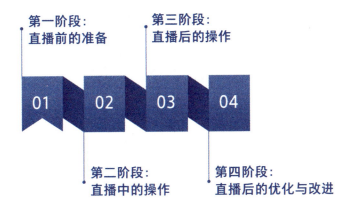

这套SOP流程涵盖了电商直播的各个环节，从准备到执行再到后续跟进，有助于初学者更高效地进行直播操作，从而提升直播效果和观众满意度！